FOLIO BIOGRAPHIES

collection dirigée par

GÉRARD DE CORTANZE

Léonard de Vinci

par

Sophie Chauveau

Gallimard

Crédits photographiques :

1 : Alinari / Roger-Viollet. 2 : RMN / Jean-Gilles Bérizzi. 3 : AKG-images. 4 : RMN / Jean-Gabriel Ojéda. 5 : RMN / Thierry Le Mage. 6 : Costa / Leemage. 7, 9, 14 : RMN / Franck Raux. 8 : MP / Leemage. 10 : Bridgeman-Giraudon. 11 : Electa / AKG-images. 12 : RMN / Michèle Bellot.

Prologue

Dieu mis à part, Léonard est sans doute l'artiste sur lequel on a le plus écrit.

DANIEL ARASSE *

Kenneth Clark **, un des meilleurs connaisseurs de Léonard de Vinci, a émis l'idée assez fine qu'à chaque génération cet étonnant personnage devait être réinterprété.

Quand on est le symbole personnifié de la peinture, de la beauté, voire du génie, on se doit de s'adapter au goût de chaque époque.

Cinq cents ans plus tard, Vinci a eu le temps de revêtir un grand nombre de personnalités. Ses biographes successifs *** l'ont tour à tour réinventé suivant la mode de leur temps. Lui-même a brouillé les pistes avec art et passablement contribué à sa légende.

---

* Daniel Arasse, 1944-2003, historien de l'art et italianophile, «italomaniaque», disait-il. Le meilleur spécialiste de la Renaissance italienne, spécialement concernant Lippi et Vinci.
** Auteur d'un très remarquable *Léonard de Vinci*, Le Livre de Poche, 1967 ; LGF, 2005.
*** Sans parler des nombreux romanciers qui se sont emparés du sujet...

Existe-t-il d'autres grandes figures dans l'Histoire à avoir subi autant de fluctuations biographiques ? Sans doute quelques-uns, parmi ceux qu'on considère comme des génies universels... Mais tout de même, Vinci reste le personnage le plus complexe et le plus controversé. Pas un demi-siècle ne s'écoule sans une nouvelle révision de sa vie, sinon de ses œuvres dont l'attribution évolue radicalement selon les époques. Comment s'y retrouver dans cette forêt de contradictions ?

Deux méthodes sont utilisées ici simultanément : la confrontation et l'intime conviction. Ce qui semble sonner le plus juste, compte tenu de l'époque et des événements qui s'y déroulent : Florence et son grouillement, quelques petites révolutions propres à la Renaissance comme l'émergence du statut de l'artiste, les pestes ; certains voyages dont on est sûr ; certains repères biographiques dûment enregistrés (contrats, procès, embauches, naissances, morts...), quelques infimes certitudes ; enfin, le vrai changement de perspective restitué par Léonard, nouveau point de vue sur le monde où, au centre du motif, ce n'est plus Dieu qui prime mais l'homme. Pour le reste, il faut faire le tri et choisir parmi les versions des uns et des autres celle qui « historiquement » semble la plus probable. Et n'accepter que celles qui se recoupent au moins trois fois.

Par exemple, et pour commencer par la fin, ce fameux tableau d'Ingres où, à l'instant de sa mort, François Ier soutient Léonard dans ses bras : ce jour précis où meurt Léonard, le roi est à Saint-Germain-en-Laye par obligation royale et paternelle. Il y baptise son second fils. L'anachronisme est total… Le mieux est donc de s'en tenir à la vie de Léonard de Vinci. À ce qu'on en sait et à quelques rares certitudes.

À la façon du plus humble des hommes, elle doit débuter par sa naissance, continuer par le déroulé de son existence et finir par sa mort. Or dans le cas de Vinci, les difficultés surgissent dès l'origine. Il naît en catimini et on ne sait où. À Vinci, à Anchiano ? Chez sa mère, chez son père ? À combien de collines de distance ?

En revanche, la date de son baptême est consignée avec solennité dans le « livre des souvenirs * » de son grand-père paternel, Antonio. C'est généralement le lendemain de la naissance qu'on baptise. Il serait donc né le 15 avril 1452.

Ensuite ? Rien de précis jusqu'à ses douze, quatorze ou seize ans.

Après la mort de son grand-père, ou de la première épouse de son père qui le gardait plus ou moins à Vinci, *ser* Piero, son père, le fait venir à Florence où il va passer près de vingt ans. Il y réussit magistralement et, en même temps, il y échoue spectaculairement. Il n'obtient pas la reconnaissance qui lui est due, à ses yeux comme aux yeux de ses pairs. Quelques démêlés avec la justice entachent gravement sa réputation. Mieux vaut fuir.

---

* Cahier toujours tenu dans les familles riches et moyennes, rarement chez les très pauvres, sur plusieurs générations, attestant naissances et morts, état du patrimoine et notifiant généralement tout changement au sein du lignage. Sorte de registre notarial ensuite.

Aller tenter sa chance en Lombardie, chez Ludovic Sforza, duc de Milan. Où, là encore, il reste près de vingt ans. Oscillant là-bas comme à Florence, entre réussite éclatante et échec cuisant.

Les dernières années de sa vie, après Milan, encore une petite vingtaine, sont vouées à l'errance et à la dépendance. Vers la fin, il serait même acculé à la mendicité, n'était-ce ce troisième souverain de France qui s'entiche de lui, et lui offre une royale hospitalité tourangelle.

Où est-il enterré ? Ni tombe, ni ossuaire, ni dépouille. La Révolution française et le temps se sont chargés de disperser son peu de restes.

Ainsi cet homme, célèbre de son plus jeune âge à aujourd'hui, c'est-à-dire sur la continuité des cinq siècles qui suivent sa mort, ne repose nulle part. Plus vivant que jamais, il demeure un mythe sans cesse recomposé. À croire que depuis sa disparition il a perfectionné la légende, qu'il avait déjà pris un vif plaisir à peaufiner de son vivant.

Son nom, dans le monde entier, synonyme de beauté, d'art et de dilettantisme, de magie et de grâce, d'absolu, voire de génie, fait rêver à l'aune du mystère qui le nimbe.

Car le plus célèbre peintre de l'univers n'a laissé au monde qu'une douzaine de tableaux de sa main. Inachevés ou altérés... Le plus grand sculpteur de l'humanité n'a livré à la postérité aucun témoignage de son génie... Le meilleur architecte, pas davantage... L'ingénieur militaire qui se flattait d'avoir mis au point le plus grand nombre de moyens techniques propres à gagner toutes les guerres, à « tuer la guerre *[1] », disait-il..., rien non plus... Quant à l'immense savant, le plus prodigieux inventeur de machines à tout faire qu'ait jamais porté l'univers, on ne retrouva ses fameux *Carnets* que très longtemps après que la nécessité eut contraint l'époque à se passer de lui pour, à son heure, inventer « ses » découvertes...

Aucun historien ne saurait sérieusement affirmer que les dessins de ses merveilleuses machines ne sont pas de simples citations, copies bien informées des inventions de ses pairs, qui traînaient dans l'air du temps et les préoccupations de l'époque. Et si elles sont de lui, alors comment aurait-il pu les réaliser ? Les matériaux indispensables à leur construction faisaient encore défaut.

Récemment à Madrid, en juin de l'an 2000, dans un carnet authentifié de la main de Léonard, on a retrouvé le plan détaillé d'un parachute pyramidal, resté jusqu'au XXIᵉ siècle au secret. Un riche mécène convainc un parachutiste anglais, Adrian Nicholas, de le tester en sautant de trois mille mètres dans le parc national Kruger, en Afrique du Sud, équipé de l'appareil volant, construit scrupuleusement selon les indications de Léonard, à ce détail près que la toile est de coton au lieu de lin. La voilure possède une armature en bois de pin et pèse près de cent kilos : quarante fois le poids des parachutes actuels. Malgré cela, la descente s'effectue sans encombre, les premiers deux mille mètres se font en cinq minutes, soit très lentement. Donc il

* Les notes bibliographiques sont regroupées en fin de volume, p. 277.

« marche » très bien, ce parachute ! Il faut pourtant ouvrir un parachute moderne pour la dernière partie de la chute. Le modèle de Léonard n'est pas assez souple et surtout beaucoup trop lourd pour ne pas s'effondrer sur le sauteur à l'arrivée. Au risque de le tuer.

Saura-t-on jamais si ses « inventions » recluses quatre à cinq siècles, au chaud de ses *Carnets*, sont seulement les siennes ? Rien n'est moins certain. Et si oui, quelques-unes ou toutes ? Et lesquelles ? Tous les artistes du temps se copient mutuellement, notent l'idée, le projet, le plan, voire la réalisation de leurs pairs quand ils les jugent remarquables. À quoi bon nommer leur auteur, c'est l'invention qui compte, qui fait rêver. Très souvent, celui qui reproduit tel rêve de machine n'est pas son créateur, mais, à coup sûr, son admirateur, et dans le cas de Léonard, peut-être, son perfectionneur. On ignore, et sans doute ignorera-t-on toujours, par qui ses merveilleuses machines ont été conçues. De la bombarde à la bicyclette, du sous-marin au parachute, de l'avion au scaphandre, toutes ces nécessités de notre modernité se sont de fait passées de son génie pour venir au monde. Depuis plusieurs siècles déjà, les érudits en rêvaient, Roger Bacon a quasiment décrit toutes les machines dont on prête l'invention à Léonard. Et même si ces plans faramineux étaient de lui, il n'aurait eu aucune influence sur le monde scientifique. Consignés au secret de cahiers qu'on commence à retrouver en 1880, qu'on n'a sans doute pas fini de découvrir, ses rêves sont restés à l'état de rêves, et ses projets, lettre morte. Ni de près ni de loin, il n'a contribué aux progrès de l'humanité.

Ce fameux Léonard de Vinci n'aurait donc rien apporté au monde ? À peine douze tableaux, souvent inachevés ou endommagés, et pas tous excellents, peut-être treize... deux fresques très altérées.

Le plus grand philosophe de la terre, au dire de François Ier, n'a pas non plus laissé un seul traité, n'a pas réussi à achever un seul des ouvrages — plus de quarante * projetés — qu'il a toute sa vie rêvé de publier.

Le musicien, unanimement loué par ses pairs, improvisait pour le plus grand bonheur de tous, et ses contemporains s'en félicitaient sans retenue, mais ni lui ni personne n'a jamais pris la peine de tracer la moindre note sur une portée. Pas une seule de ses compositions ne nous est parvenue. Compositions que même Josquin des Prés, le plus talentueux musicien de la Renaissance, juge pourtant de la plus grande originalité.

Pas trace non plus de ses insolites instruments de musique qui firent sa gloire à la cour du duc de Milan. Aucun de ces objets tant vantés par les chroniqueurs de son temps qui ne soit arrivé jusqu'à nous.

Quant au Léonard poète, pas un quatrain, pas une ébauche de vers. En revanche, quantité de devinettes d'une extrême cruauté, de facéties plus

---

* Il en a dressé une liste, dont on ne saura jamais si elle a eu quelque chance de jamais voir le jour.

graveleuses ou sibyllines les unes que les autres et de terrifiantes énigmes, souvent assez édifiantes, voire moralisatrices…

On sait aujourd'hui que, pour l'essentiel, ce qui lui apporta la gloire, le succès aux yeux de ses contemporains et, sinon la fortune, ce qui du moins assura sa survie matérielle, c'est ce talent unique de metteur en scène, d'instigateur de fêtes, généralement dites féeriques qui firent les belles heures des cours où il sévit. Ainsi fut-il avant tout un grand, un immense artiste de l'éphémère, d'une incroyable intrépidité intellectuelle.

Mais si l'on cherche des traces, force est de revenir à la peinture, seul domaine où l'on n'a *presque* * pas de doute.

Que dire enfin de sa descendance picturale ? Disciples, élèves, épigones… par décence, l'on préfère ne citer personne. Ses « suiveurs » mènent droit au saint-sulpicisme. Ils n'ont laissé au mieux que des œuvres sans la moindre imagination.

Pourtant, depuis cinq siècles, Léonard de Vinci demeure le plus fameux des peintres, le plus louangé des artistes ! À croire que la première de ses œuvres fut sa vie même. Et sans doute fut-elle exceptionnelle. Il paraîtrait que ce qu'on ignore encore de lui aujourd'hui ne tiendrait pas dans plusieurs forts volumes. Il suffit de rappeler que sa

---

* En effet, au XIXᵉ siècle lui sont attribués des tableaux qui de nos jours ne le sont plus, ainsi de certaines œuvres dont on reconnaît aujourd'hui la paternité au Caravage. Léonard a laissé si peu de tableaux que chaque siècle a cru bon de lui en imputer de nouveaux, désormais rendus à leurs véritables auteurs. Mais les progrès scientifiques de datation et d'attribution sont tels que personne n'est à l'abri de nouvelles révélations.

date de naissance était encore inconnue en 1940! De même que l'affaire Saltarelli * qui, dans l'immédiate après-guerre, n'était toujours pas mentionnée…

Très tôt célèbre, et même célébré, d'incroyables légendes ** contradictoires s'élaborent de son vivant et bien après sa mort. Il n'est jamais tombé dans l'oubli. Bien que les XVIIᵉ et XVIIIᵉ siècles s'y intéressent peu, le XIXᵉ siècle le remet à l'honneur. Objet d'une immense curiosité qui, de tout temps, a déclenché méfiance, médisance et calomnies, comme si chacun avait une bonne raison de s'en défier et de l'admirer, Léonard ne connaît pas de période de purgatoire.

C'est vrai qu'il est « trop », comme disent aujourd'hui les enfants : trop beau, trop drôle, trop gentil, trop intelligent, trop talentueux, trop amical, trop fort physiquement, trop doué pour trop de choses, trop polyvalent, et même trop sympathique… Trop génial. Et trop voyou ! Nonobstant cette réputation unique, toute sa vie, il se débat avec la misère qui toujours menace. Il doit mendier son existence tout en brillant d'une réputation sulfureuse, parfois diabolique. En tout, il est reconnu

---

* Il s'agit de l'affaire de la condamnation pour sodomie sur la personne du jeune Iacopo Saltarelli, à la suite d'une délation par le moyen du *tamburo* (*cf.* la note en bas de la page 31 de la « Première partie (1452-1480) ».
** « Il est le plus fort comme il est le plus beau. La puissance de son esprit n'est pas faite de la faiblesse de son corps », ou encore : « Il arrête un cheval furieux, de la main droite, il tord le battant d'une de ces cloches qu'on suspend aux murailles, il plie le fer d'un cheval comme s'il était de plomb, et cette même main court agile et légère sur les cordes de la lyre », écrit Gabriel Séailles dans *Léo de Vinci, l'artiste et le savant*, Librairie académique Perrin, 1912.

comme le meilleur. En peinture, bien sûr, mais aussi en dessin, en littérature, en musique, en chant, en mathématique, en anatomie, en botanique, en sculpture, en art militaire, en géométrie, en architecture... Même en poésie, lui qui n'a pas écrit un seul vers !

Ses dessins, alors ? Oui, incontestablement, ses dessins à eux seuls assurent sa postérité mais, pour la plupart, on ne les a trouvés, comme les *Carnets* au creux desquels ils dormaient, qu'à la fin du XVIIIe siècle. Jusque-là, sa réputation paraît des plus infondées. Et pourtant elle court. Elle vole. Partout elle le devance, et il a toutes les peines du monde à tenter d'en être à la hauteur. Pour ne pas déchoir, le plus souvent, il fuit.

Peu, voire aucun viatique, pour traverser les siècles et surtout, par force, une totale absence de ce qui assura sa meilleure réputation et sa plus grande gloire : ses mises en scène, son art de la fête. Peu de relations de ces moments de liesse collective qui défrayèrent les chroniques, sauf les chroniques justement. L'œuvre de sa vie, sa plus belle mise en scène, sa plus grandiose fête, c'est sa vie, son sens du bonheur, de la fête et des autres.

Les chroniqueurs * ne se sont pas privés de la relater, de l'imaginer, de l'enjoliver, si tant est que ce soit possible, de la légender, et de la mythifier de toutes les manières.

---

* Voir la bibliographie en fin de volume, forcément sommaire. Tant d'ouvrages épuisés, tant aussi qui ne sont pas traduits en français. Le monde entier s'est emparé de Vinci et ne l'a plus jamais lâché.

Première partie

(1452-1480)

ENFANCE

Peut-on dire que Léonard de Vinci eut une enfance heureuse ? À l'aune des critères du XXIe siècle, non, sûrement pas. Une enfance sans père avec très peu de mère, quasi pas d'autorité ni réellement d'école, sans cadre, ni contrainte... Pas beaucoup d'amour mais, à coup sûr, une enfance libre, une enfance sauvage, une enfance immense. Dans un paysage qui tisse la toile de fond des rêves de tout Européen du Sud, au milieu des oliviers plantés depuis la Bible, vaquant sous l'arbre de la civilisation, accompagné du chant des cigales et du bruissement du vent dans les feuilles des figuiers odorants, des amandiers cotonneux, des ruisseaux courant de colline en colline, il est l'enfant libre et sauvage de la campagne toscane. Entre Sienne, Pise et Florence, Vinci et Anchiano, parmi les vignes et les cyprès, à travers les garrigues et les maquis, il dévale et grimpe comme on respire. Devant lui, à perte de vue : des collines mamelonnées, des maisons et des terrasses, les troncs nets et noirs des pins, caressés d'arcades blanches, des oliviers aux feuilles d'une pâleur métallique, des chênes verts au feuillage bleu bizarre, des lauriers, des cyprès aux profils de lances...

Léonard est aussi libre que les bêtes qui s'épanouissent dans ces parages, et qui, toutes, et durant toute sa vie, seront ses amies. Ses premières et définitives amies. Aucune ne le rebute, il aime tout de suite et follement le vivant sous toutes ses formes. Végétales, minérales, humaines, mais surtout, surtout animales. Enfant, ça le passionne et ça le passionnera jusqu'à la fin de sa vie. La vie, justement. Voilà ce qu'il prise avant tout...

LA MÈRE

À Anchiano, Catarina, une très jeune servante d'auberge, est vite séduite et engrossée par un très jeune homme, notaire chic de la grand-ville. Vite abandonnée aussi. Alors la famille Vinci s'occupe de la marier et de l'installer. Près de huit mois après la naissance de l'enfant qu'elle a sans doute gardé près d'elle, la famille Vinci lui procure ou lui achète un mari pour cacher sa faute. Ce dernier est surnommé l'Accattabriga, surnom fréquent chez les soldats qui signifie le « querelleur ». Dans le civil, une fois marié à Catarina, il exerce le métier de chaufournier, c'est-à-dire qu'il fabrique de la chaux en exploitant un four à chaux à partir du calcaire local, afin d'en tirer du mortier, des poteries, des engrais... La famille paternelle de Léonard les installe. Pour ne plus s'en soucier ensuite.

Après la naissance de Léonard, l'Accattabriga fait coup sur coup six enfants vivants à la malheureuse Catarina. On n'ose demander combien d'enfants morts. Ses demi-sœurs s'appellent Piera, Maria, Antonia, Lisabetta, Sandra ; le seul mâle, Francesco, mourra jeune à la guerre d'un coup d'espringale. Ces demi-frère et sœurs, Léonard les connaît à peine. Dès leur naissance, c'est chez son grand-père, à Vinci, qu'il réside en compagnie de sa grand-mère Lucia et de son oncle Francesco. Son père et ses tantes déjà vivent au loin. Dans de grandes villes.

La vie à Vinci est plutôt chiche, volontairement chiche. Le grand-père Antonio a opté pour l'*otium* contre le *negotium*. L'art de vivre plutôt que celui de réussir. Une vie de petit rentier. De cette existence austère, il s'est fait une vie heureuse. Foin de toute dépense superflue. La vie ne s'achète pas plus que la joie. Le verger est entouré de ce qu'à Vinci on nomme l'arbre à pain. Un châtaignier toscan, dont la farine, quand l'hiver s'éternise, nourrit hommes et bêtes.

Léonard est donc né par hasard d'une illusion d'amour, de la rencontre hâtive de deux lignées, l'une issue de l'étude, l'autre de la bergerie. Est-ce l'explication de sa santé physique et intellectuelle, faite d'équilibre et de force, de résistance et de finesse ?

Faute d'avoir été désiré, l'enfant est accepté. Il grandit sans contraintes, l'école du village n'a pas beaucoup d'exigences. On y enseigne les fondamentaux. L'« abaque » ou *abaco* * délivre un enseignement dit primaire. Au milieu de ce peuple de négociants, chacun doit pouvoir acheter, vendre, évaluer le volume d'une jarre au premier coup d'œil, et multiplier les bénéfices. L'enfant est intelligent, il assimile tout ce qu'on lui propose. Il maîtrise vite les enseignements de l'*abaco*.

Rien ne semble l'avoir blessé, dirait-on. Traumatisé, comme on dit aujourd'hui. S'il apprend à lire, écrire, compter et sans doute même un peu davantage, c'est sans contrainte. La preuve en est qu'il conserve toute sa vie l'écriture spéculaire des gauchers ni contrariés ni corrigés. Personne n'a jugé bon de lui apprendre à se servir de sa main droite.

FAMILLE PATERNELLE

Si l'on ignore les origines de sa mère, sa famille paternelle est depuis deux siècles honorablement

---

* En Toscane, l'école du peuple s'appelle l'*abaco*, on y demeure jusqu'à l'âge de douze à quinze ans selon le milieu. Elle délivre un enseignement mathématique appliqué aux besoins des marchands, de leur nécessité commerciale. École valable également pour les filles. Quand les maris meurent, les épouses peuvent alors faire tourner la boutique. Après cette école rudimentaire, mais solide, Léonard est entré directement chez Verrocchio. Il n'a jamais fréquenté la *scuola delle lettere*, où s'enseignent le latin et ce qu'on nommera plus tard les humanités.

connue à Vinci *. Elle y porte le nom de ses terres. La tradition en fait une dynastie de notaires. Le métier de tabellion consiste alors à établir des contrats, authentifier les actes, gérer les maniements de fonds, assurer la fonction de gérant, de conseiller financier et de gestionnaire de fortune. Il peut devenir fondé de pouvoir, mandataire ou tenir les rênes d'un commerce. Seul *ser* Piero, le père de Léonard, s'exerce à toutes les facettes de cet art. Le grand-père et son second fils, Francesco, y ont renoncé pour vivre heureux sans rien faire en se contentant de leurs biens. Ah si, parfois, de loin en loin, un contrat, un procès hâtivement expédié, forcent Antonio, le grand-père, à interrompre sa méditative partie de jacquet... Mais le rythme en est à peine interrompu. Pourtant, c'est lui, le vieil Antonio, qui déclare la naissance de son petit-fils avec joie, fierté et solennité ; lui qui le fait baptiser en l'absence de ses géniteurs, et en pleine semaine sainte. Bâtard peut-être, mais accueilli avec chaleur par ce grand-père dont il est le premier petit-fils.

Les historiens se querellent encore pour savoir si la naissance d'un bâtard créait ou non un grand trouble. Tant de bâtards célèbres illustrent

---

* Quelle est finalement l'origine de ce nom qui fit tant rêver ? L'étymologie est plus humble que celle qu'annonce l'euphonie. En vieil italien, *vinci* signifie osier. Rien à voir vraiment avec la victoire, ni les vainqueurs qu'on s'est plu à y mettre, et tout à voir avec la vannerie. Vincio est même le nom du cours d'eau le long duquel poussent l'osier blanc et le saule des vanneurs. Au xixe siècle, à Vinci, on pratique encore le tressage des paniers qui a dû fasciner l'enfant Léonard. Il en gardera toute sa vie une prédilection pour les entrelacs, un amour fou pour la complexité des nœuds, les tresses des cheveux des femmes et, surtout, apparentés à elles, les tourbillons de l'eau. Ces déluges vont l'obséder. « Le tourbillon comme un perçoir auquel rien n'est assez dur pour résister », note-t-il dans ses *Carnets*.

l'époque (Alberti, Borgia, Lippi*...)! Reste qu'il n'est sans doute jamais simple d'être perçu ou de se percevoir comme illégitime. Même si cette illégitimité assure à Léonard une marginalité qui l'aide, sinon le force, à s'émanciper des conventions sociales et familiales et lui confère la première marque de son talent. De sa différence, dont il a vite une conscience aiguë, il fait une force.

LE PÈRE

Quatre ans avant sa naissance, son père, *ser* Piero, est parti chercher gloire et fortune dans la capitale toscane. L'année de naissance de son fils naturel, il épouse une très jeune femme, Albiera, seize ans, jolie et fort bien dotée, qu'il va peu à peu laisser à Vinci chez son père. Comme elle n'arrive pas à avoir d'enfant, elle reporte ses envies de caresses sur Léonard. Elle s'entraîne pour le jour où elle aura le sien. Quand ce jour viendra, elle en mourra. Est-ce à elle qu'on doit l'incroyable jeunesse de la *Sainte Anne*, en miroir des étranges relations mêlées de Léonard avec ce trio de femmes, mère, grand-mère, belle-mère... qui veille sur lui ?

* Le xvᵉ siècle est connu pour une période d'élection de bâtards célèbres. En aucun autre temps, ils n'ont été plus en vue. Qui dira qu'Alberti le savant, Érasme, Lippi fils, Ferrante, le roi de Naples, Sforza, duc de Milan, furent moindrement empêchés d'exercer leur talent par l'illégitimité de leurs origines ?

Dans l'année qui suit la mort de sa première femme, *ser* Piero en épouse une autre * tout aussi jeune, tout aussi belle et encore plus riche. Laquelle va aussi mourir en couches. Ne permettant décidément pas au père de Léonard d'avoir un héritier légitime. Vingt-cinq années durant, le bâtard demeurera son unique fils.

Léonard doit se passer de ses parents à peu près autant qu'ils ont l'un et l'autre fait peu cas de lui. Si son père mit vingt-cinq ans avant de se doter d'un héritier légitime, ce ne fut pas faute d'essayer. Ses deux premières femmes moururent jeunes, en couches, avant que la troisième ne lui donne six enfants à la suite. Il a alors plus de cinquante ans. À la mort de celle-ci, il en épouse une quatrième, qui lui donne six autres rejetons !

Léonard passe donc son enfance entouré de très belles et de très jeunes femmes auxquelles il aurait mieux valu qu'il ne s'attache pas car, sitôt enceintes, elles disparaissent. Quant à sa mère, à deux collines de chez son grand-père, de grossesse en grossesse, entre nouveau-nés ou enfants mort-nés, elle vit enceinte et sous la domination du mari coléreux à qui on l'a donnée.

C'est peu dire que l'enfant sauvage se forge une image de la maternité sinon dangereuse — on en meurt vraiment beaucoup alors —, du moins repoussante. Les enfants aussi meurent...

Léonard de Vinci n'aura ni ne voudra jamais d'enfant. Explicitement dans ses *Carnets* s'étale

* Francesca di ser Giuliano Lanfredini, membre d'une grande famille toscane.

son horreur pour ces femmes en gésine, ces maternités grasses, répandues, assassines. Et le sexe féminin paraît un gouffre dans ses dessins prétendument anatomiques. Comme le dit André Chastel dans son *Traité de peinture*, Léonard de Vinci témoigne d'un « dégoût apitoyé pour le mode de propagation de l'espèce ».

Reste, limpide et lumineuse, l'image de ces mères éternellement jeunes. Jeunes pour l'éternité. Soit elles meurent avant vingt-quatre ans, comme ses deux premières belles-mères, soit il doit brutalement les quitter, comme sa mère, pour « faire sa vie » à la grand-ville, où sur ses panneaux il recrée à loisir cette image merveilleuse et définitive d'une madone d'à peine vingt ans.

Quand en 1464 s'éteint Antonio, son grand-père, il est temps pour Léonard d'aller vivre chez son père * et d'y achever ses études afin d'avoir un métier au plus tôt.

Après tous ces deuils, le déracinement dut être brutal. Un arrachement à l'enfance. Dans les collines odorantes, deux jeunes femmes ont pris soin de l'enfant bâtard, outre sa grand-mère, et deux hommes, son jeune oncle et son grand-père. Tous ont en partage un amour immodeste pour la vie. Ce sera le seul véritable héritage de Léonard que cette passion pour la nature et le vivant.

---

* D'aucuns le font arriver plus tôt, ne serait-ce que pour qu'il passe à l'atelier Verrocchio le nombre d'années réglementaire au temps des études qui est d'une durée de six ans.

Arrivée à Florence, adieu la liberté, adieu la nature et la vie à l'état sauvage. Plus de mère à quelques collines de là, plus de jolies et douces belles-mères, plus de grand-père tendre et, surtout, finie l'expérimentation de toutes les formes de vie dans la nature. Installé chez son père, en passe de devenir un gros monsieur, Léonard est soudain prié de se trouver rapidement un état. Parce qu'il aime à dessiner tout ce qu'il voit, parce qu'il aime à observer et à reproduire minutieusement, et parce qu'alentour chacun se réjouit de contempler ses dessins, il intègre le prestigieux atelier d'Andrea Verrocchio (Andrea di Cione surnommé Verrocchio : le bon œil). La meilleure *bottega* de Florence, la plus polyvalente : il y apprendra tous les arts. Peut-être pistonné par son père, mais les observateurs pensent que son seul talent lui a servi de sauf-conduit.

Le tutoiement y est la règle. On s'appelle par son nom, souvent par son surnom, on ne donne du *messer* qu'aux docteurs, chanoines, médecins, *maestro*, moines ou *padre*... Et encore, pas toujours. L'égalité règne partout en Toscane. Le Florentin vit en république et il est fier d'avoir renversé les hiérarchies sociales. La richesse ostentatoire y est sévèrement punie.

Le bourgeois, comme l'artisan, trinque à la taverne, libre en parole, prompt à la riposte, jamais désabusé par les bavardages politiques. Et médisant ! On dit dans l'Italie d'alors, médisant comme un Toscan ! L'atmosphère y est vivante, vibrante, joyeuse, parfois enfiévrée. Le repas de famille a lieu entre neuf et dix heures du matin, celui du soir juste avant la nuit. Mari et femme, frères et sœurs, amis et compagnons mangent dans la même assiette, boivent dans le même verre, pain, « herbes », confitures et fruits. De la viande mais seulement le dimanche. « Quand on tue un porc, il faut donner du boudin au voisin sinon il se fâche », rappelle l'adage.

Le Florentin vit encore essentiellement dehors. La rue, c'est la pièce extérieure de sa maison. Quand il fait beau, il s'y installe pour jouer aux échecs, aux dés… la foule arbitre les coups et le moindre incident provoque une panique. Chacun sait tout sur tous.

VERROCCHIO

Andrea Verrocchio ouvre grandes les portes de son atelier et sans doute de son cœur à l'éphèbe Léonard. C'est de lui qu'on tient la première description du « phénomène ». Un phénomène, oui, vraiment. Car sitôt arrivé à Florence, le superlatif s'empare de lui. Le dithyrambe le suit, l'éloge le précède. Sur tous ses contemporains, il semble trancher. Grâce, beauté, talent, humour, intelligence, gentillesse… L'émerveillement pousse sous ses pas. Son physique défie tous les éloges. Vasari, même Vasari n'ose le détailler tant il est hors du commun. D'autres parlent de ses contours angéliques, de ses yeux clairs, bleus ou verts, personne ne tranche, de ses cheveux blonds ou roux, on opte pour le blond vénitien. Une carnation claire, un grain de peau serré, magnifique. Un corps d'éphèbe élancé. Et, chose remarquable à l'époque, une taille gigantesque. Il dépasse le mètre quatre-vingt-dix *. Quant à sa voix, belle bien sûr, elle serait terriblement haute. Suraiguë même. Et il en jouerait comme d'un instrument magistralement travaillé. Sa gentillesse est légendaire, son humour fait florès. Sociable et bon camarade, il se taille dans la confrérie des peintres, artistes, artisans — ainsi sont classés les Florentins — une solide réputation de bon vivant.

Inutile de s'appesantir sur son talent, ou plutôt ses talents, voilà plus de cinq siècles que le monde s'en charge.

LA CITÉ MÉDICÉENNE

La cité qui l'accueille aux environs de 1465/1467 vient de perdre son grand homme. À Cosme de

---

* Quand, passé la soixantaine, il rencontre François Iᵉʳ, ils seront mutuellement surpris par la taille de l'autre, tant ils sont accoutumés à être les seuls géants alentour. Autour d'un mètre quatre-vingt-quatorze d'après l'armure du roi, en ont déduit les historiens. On peut aussi imaginer qu'à cet âge-là Léonard se soit un peu tassé. Un colosse, disent-ils tous. Et ce doit être vrai, les chroniqueurs le disent aussi de son père.

Médicis * succède pour à peine trois années un fils plutôt falot, Pierre le Goutteux et, très vite, un petit-fils, Laurent, dit « à tort » le Magnifique. Il s'agit d'une mauvaise traduction du *munificent* latin, autrement dit, magnifique ici ne signifie que « le très riche ».

À l'orée des années 1470, quand Léonard arrive, Florence est une ville de 50 000 habitants, cernée par 11 kilomètres de remparts, renforcée de 80 tours de guet : partout, tout le temps, la guerre menace. *Intra muros*, on compte 108 églises, 50 *piazze*, 33 banques, 23 *palazzi*, 84 *botteghe*, 83 soieries. Encore un détail : les sculpteurs sur bois y sont plus nombreux que les bouchers ! C'est vraiment la cité des artisans. Les peintres ne sont alors que des artisans. L'artiste est encore à naître. Léonard va y contribuer.

La République toscane est toujours en place mais le pouvoir est exercé en sous-main de façon despotique par Laurent de Médicis, cet enfant gâté, mal élevé et extrêmement dépensier de l'argent public. Paradoxalement, ses dépenses somptuaires n'enrichissent pas les artistes, le Magnifique fait peu appel à eux, sauf pour offrir leurs œuvres en cadeau au pape, à qui il en envoie quelques-unes. Mais explicitement, il ne voudra jamais rien de Léonard.

Pourtant, la gloire assaille vite le beau jeune homme et avec elle la jalousie, la médisance, la

---

* Le grand-père de Laurent, appelé à sa mort « le père de la patrie », est le véritable fondateur de cette dynastie tant marchande que politique.

délation... Sur dénonciation au *tamburo* *, avec quelques autres artistes et artisans, Léonard est accusé de sodomie, viol et autres pratiques honteuses. Est-ce la raison secrète pour laquelle Laurent refusera toujours que Léonard le représente hors de Florence ?

Si ses contemporains n'en ont jamais douté, les biographes vont mettre cinq siècles avant d'oser révéler au public l'homosexualité de Vinci. Longtemps on l'a préféré chaste, abstinent, voire impuissant. C'est tout juste si l'on ne va pas jusqu'à lui prêter des aventures féminines. L'attachement obsessionnel qu'il met à peindre et surtout à conserver sa *Joconde* s'y prête, d'autant qu'on ne lui reconnaît aucun amant. Il en eut pourtant de forts beaux, avidement dessinés par lui, officiellement ou presque, en tout cas publiquement affichés et entretenus. On est aujourd'hui plus au clair avec sa sexualité, résolument masculine et sans doute très intense. La *tamburazione* (dénonciation) disait en partie vrai quant à la nature de sa sexualité en tout cas.

Le procès eut lieu. Tout Florence se passionna pour ce fait-divers si mondain et si populaire en même temps.

Léonard, qui vient juste de commencer à honorer quelques commandes notoires, tel le portrait de Ginevra Benci, l'héritière d'une des plus célèbres familles de Toscane, envisageait déjà l'avenir sous

---

* Boîte ronde comme un tambour, généralement fixée sur les murs des églises et qui accueille toute dénonciation anonyme qu'on veut bien y glisser.

un jour radieux. Las, la *tamburazione* fait tout échouer : il doit disparaître pendant deux ans. On peut imaginer que, pour se faire oublier, il s'en retourne à Vinci se cacher. Mais on n'oublie pas un si beau jeune homme, si prometteur, si scandaleux. À son retour, la jeunesse florentine lui fait fête. Il n'est plus le meilleur élève de Verrocchio, mais son égal. Il a déjà cosigné des œuvres avec son maître, on reconnaît un ange de sa main dans le *Baptême du Christ*. En plus de quelques madones signées par l'atelier. Là, contraint par la force des choses, il se met à son compte, ouvre une *bottega*, débauche ses meilleurs amis de l'épisode du *tamburo*, issus du même atelier, et part à la recherche de commandes. Avec l'aide, une nouvelle fois, de son père, notaire de nombreuses congrégations, elles commencent à arriver. Léonard n'a qu'à se baisser pour les ramasser avec désinvolture. L'atelier exécute. Léonard signe. La réussite est immédiate dans cette ruche qu'est Florence. Ces *botteghe* se présentent comme des boutiques polyvalentes rassemblant tous les arts manuels où les disciplines ne sont pas séparées, au contraire, elles s'entremêlent allègrement dans l'enthousiasme du travail et des commandes. Si la production et la vente constituent l'essentiel de leurs activités avec la formation et l'apprentissage des élèves, ce sont aussi des pépinières d'artistes. On y entre *garzone* entre neuf et quatorze ans, et l'on y reste six ans au minimum. On y apprend à tailler les pointes d'argent et les stylets, à préparer les panneaux, à faire bouillir et appliquer les colles et les enduits, à composer les liants et les vernis, à triturer les craies, à broyer les pigments, selon leur nature... il y en a au moins pour une dizaine d'années.

Lieux de production autant que de commerce, on y vend, commande ou fait réaliser des œuvres d'art et d'artisanat. Une véritable « fabrique » où l'on produit toute sorte d'objets d'art : des cloches, des portes, des coffres de mariage, des plateaux, des étendards... c'est assez dire le nombre de techniques qui s'y mêlent.

La fièvre toscane veut tout, acquérir, posséder le monde, acheter la fortune. Tout ce que sait faire la main de l'homme doit satisfaire l'avidité des Toscans.

MAÎTRE VERROCCHIO *

Dans toutes ces spécialités, Andrea Verrocchio est le plus grand, sa polytechnique est la vraie cul-

---

* Sa *bottega* est située dans la paroisse San' Ambrogio, vers la portion orientale des remparts. Verrocchio y est né, y a grandi, et s'il mourut à Venise, sa dépouille fut ramenée à Florence et enterrée dans sa paroisse. Son père est chaufournier, comme le beau-père de Léonard, son frère est dans les ordres. L'atelier se trouve via Ghibellina, près des murs aveugles de la prison des Stinche. Léonard rentre à pied de son lieu de travail à l'étude de son père face au Bargello. L'atelier se présente comme une large pièce au rez-de-chaussée donnant sur la rue et jouxtant des habitations à l'arrière ou à l'étage. Le *David* de Verrocchio, d'un peu moins d'un mètre vingt de hauteur, montre un jeune homme sec et nerveux. Des dorures couvrent les cheveux, les bottes et l'armure. Léonard a-t-il posé pour son maître, dès son arrivée à quatorze ans ? C'est ce qu'on dit en général. Et comme on a peu d'images de l'adolescent dans l'embrasement de sa beauté tant vantée, on s'en contente : ce *ragazzo* bouclé, svelte et gracieux, on prétend, avec quelque raison, que c'est Léonard.

ture des ateliers et il s'est systématiquement entouré des meilleurs. Ghirlandaio, le Pérugin, Lorenzo di Credi… cohabitent un temps avec Léonard. Les meilleurs d'une génération, les meilleurs d'une époque, les meilleurs de la Renaissance. À côté, il existe d'autres *botteghe*, celles de Botticelli, d'Uccello, des frères Pollaiolo, eux aussi, les meilleurs, à leur manière. Peut-être un peu moins polyvalents. Tous sont contemporains et dans le même périmètre… Une chance ou un miracle. L'émulation marche à la fraternité. Ils s'influencent, se critiquent mais exclusivement entre soi, s'aiment et se copient. Ils vivent entre eux. Très soudés. Encore un peu considérés comme des parias. En quittant le confort de la confrérie artisane pour revendiquer le titre ou plutôt le rôle de l'artiste, ils commencent par encourir l'opprobre, aussi se serrent-ils les coudes plus que jamais. Une fraternité, une solidarité presque à toute épreuve. Quelques amitiés, quelques amours aussi. Sandro Botticelli et Filippino Lippi — le fils de Filippo Lippi, feu le maître du précédent — resteront à jamais les frères de Léonard jusque dans l'adversité.

À Botticelli, Léonard doit son penchant figuratif et floral, sa première manière. Longtemps avant Michel-Ange, il perfectionne une approche de la forme serpentine, destinée à devenir la figure emblématique de la Renaissance, classique puis maniériste. Au début, il critique son usage de la perspective, il s'y rangera plus tard. Dans ses *Carnets*, on ne trouve qu'une seule mention admirative pour un artiste vivant, c'est Sandro Botticelli. Et s'il critique sa manière de traiter ses fonds avec trop de désinvolture, c'est toujours à part. Jamais le vulgaire ne doit entendre un artiste médire d'un autre.

Léonard est immédiatement fasciné par le pouvoir magique de la peinture qui permet de simuler des choses terribles, effrayantes et, par conséquent, de tromper le spectateur qui croit réellement se trouver en présence d'êtres monstrueux ou de catastrophes naturelles. Donc pourquoi ne pas peindre des choses inventées, surnaturelles, impossibles ? Les rendre possibles ?

Il éprouve une indicible passion pour l'horrible et le grotesque, toutes les excentricités de la nature le fascinent, surtout celles qu'on trouve parfois sur les visages cabossés des gens de peu. Léonard est assez libre, trop curieux pour ne pas les solliciter, leur offrir à boire, à manger, afin de les dessiner à loisir. Il excelle dans l'art des monstres *. Des hybrides, des animaux chimériques, qui emplissent l'imaginaire du temps. Ça ne lui suffit pas, sa quête de bêtes fabuleuses et de têtes fantastiques le déborde et ne connaîtra pas de fin.

---

* Un paysan de Vinci demanda un jour à son notaire de lui faire peindre une rondache. *Ser* Piero la réclame à son fils. Il le fait vivre, il lui doit bien ça. Léonard se prend au jeu, s'enferme dans une pièce en haut dans la maison de son père, y accumule un assez grand nombre de bêtes comme des lézards, crapauds et toutes sortes d'autres animaux morts ou en décomposition. Puis avec la tête, les ailes, les pattes des uns et des autres, il compose un monstre hybride tout à fait effrayant. Son travail achevé, il invite son père à lui rendre visite. Il organise sa mise en scène, pose sa rondache dans l'unique lumière de la pièce, qu'il rend partout ailleurs obscure, et ouvre hâtivement la porte tel un rideau de théâtre. Son père a, dit-il, un tel coup au cœur qu'il se hâte de récupérer son bien, court le négocier un excellent prix, le prix de sa peur, et se contente d'acheter, pas trop cher, une rondache toute faite pour la donner à son paysan. L'anecdote est racontée par tous les biographes de Léonard.

De l'enfance campagnarde, il conserve un amour immodeste pour les animaux. Tous. Absolument. Une familiarité jamais démentie. Avec eux s'exprime son constant souci de peindre la nature, de ne pas la perdre de vue. L'enfance n'en finit pas, il en transpose les décors et le petit peuple animal dans sa vie d'adulte, dans toute son œuvre.

POLYVALENCE

À l'image de Verrocchio, génial touche-à-tout, ses élèves sont formés à toutes les disciplines, s'enrichissent de toutes les techniques existantes. À commencer par la copie d'anciens. On vient de mettre au jour les premières fouilles archéologiques. La statuaire romaine éblouit.

L'apprentissage en atelier dure six ans. Et interdit de toucher à la couleur avant de maîtriser toutes les autres techniques, du dessin à l'orfèvrerie, de la fabrication des panneaux au passage des enduits, du broyage des pigments de couleur au travail à la plume et à l'apprentissage de tous les outils du sculpteur. L'originalité de Verrocchio tient à sa façon de superviser et de générer une émulation collective en faisant participer ses apprentis à ses propres commandes. Chez lui tous les travaux, peinture, sculpture, soudure, accessoires…, se font à plusieurs. Réalisés en commun et encore sans la moindre signature. Le jeu des influences n'y est pas à sens unique. La multiplicité des *mains* sur une même œuvre nécessite une certaine unicité de style, à quoi on reconnaît tout de suite le Maître. Verrocchio en est un grand.

Même si Léonard s'avère l'élève le plus doué, la beauté, la justesse, l'approche du trait comme des couleurs sont toujours et avant tout le fruit d'années de travail. Il en a le talent, des capacités immenses. Il doit pourtant en passer par ces années de peine, de patience, d'apprentissage minutieux. Verrocchio est d'autant plus exigeant qu'à dix-huit ans Léonard déborde d'amour pour la vie, d'énergie jaillissante, de désirs dispersés en tous sens et dans toutes les directions. Il va se discipliner. Dompter son tempérament désordonné. Démesuré.

Jamais le sens de l'observation, héritage de son enfance en pleine nature, ne lui fera défaut. Il doit aussi mettre au pas sa main gauche dont l'écriture n'est lisible que dans un miroir, enseigner à la droite les canons de la peinture. Toute sa vie, il dessinera de la main gauche, mais il ne peint qu'avec la droite, après quelques années d'entraînement intensif. Durant l'apprentissage, la copie joue un grand rôle. La beauté des ruines exerce un attrait si neuf qu'on n'a de cesse de les reproduire. Léonard fait une fixation sur les drapés, les plissés, les clairs-obscurs, les enchevêtrements de volumes, où il excelle. Il se fait le Phidias du pinceau. Il y a aussi une autre spécialité à l'atelier Verrocchio — sorte de caractéristique commune aux œuvres de cette époque — qui est une attention accordée à la fluidité des mouvements, très au-delà du goût précieux pour les détails décoratifs. Une prédilection pour les visages de jeunes guerriers où se dessine un sourire ambigu, intrigant. Il ne faut jamais perdre de vue que la Renaissance, le mot comme la chose, exprime l'idée d'une violente résurgence du passé. Jusque-là, on ignorait peu ou prou tout du glorieux passé enfoui dans la terre d'Italie *.

Verrocchio enseigne une technique qui consiste à fabriquer des modèles de terre glaise sur lesquels on place des étoffes mouillées et enduites de terre qu'il s'agit ensuite de s'appliquer à peindre sur panneau. Léonard dépasse vite son maître. « Pauvre élève qui ne surpasse point son maître ! [1] », écrira-t-il alors.

En sculpture aussi, il fait des étincelles, mais sans laisser de trace. Ce n'est pourtant pas faute de dessins et de projets de pièces à faire, mais de réalisations, point. Sans doute n'ont-elles pas supporté la traversée des siècles. À l'époque de ses vingt ans, à Florence, en tout cas, on parle beaucoup de son talent de sculpteur. Comme de ses petites madones, les premières exclusivement de sa main, alors qu'il

---

* André Chastel, dans *Renaissance italienne* (Gallimard, coll. « Quarto », 1999), donne de la Renaissance la définition suivante : « Dans les premières acceptions de ce terme (forgé un siècle après celui de Léonard), [on] prend en compte la résurrection des lettres et des arts par l'Antiquité retrouvée. Mais très vite, voire simultanément, le changement de perspective modifie le regard que l'époque porte sur le monde. En mettant l'individu au centre du motif, là où hier il n'y avait que Dieu, l'Occident commence sa conquête du monde. C'est la grande promotion de l'Occident et de sa pensée. Grâce aux croisades, on a constaté les progrès des Arabes et des Chinois. On décide donc qu'il est temps de mettre un terme à cet océan de contradictions où s'empêtre l'Europe en prétendant à l'hégémonie du monde. En 1600, la domination du monde par l'Occident est en marche. »

n'est pas encore à son compte. Mais l'engouement et l'admiration dont il jouit lui offrent cette licence. Verrocchio est d'ailleurs le premier à tout lui passer. Y compris ses expérimentations techniques *. Il se risque à des mélanges d'huiles, d'enduits et de vernis qui feront la renommée des peintres hollandais mais qui, mal dosés, mal « cuisinés », ruinent quelques-unes de ses œuvres. Toute sa vie, il persiste à expérimenter des « sauces » de vernis, d'enduits, de cire et même d'encaustique. Il y gagne une maîtrise technique à nulle autre pareille et un goût très vif pour toutes ces mixtures **. Toute sa vie, il conserve le plaisir et la volonté de traiter lui-même ses panneaux. « Dans les choses confuses, le génie s'éveille à de nouvelles inventions, savoir regarder[2]... », note-t-il. Pour lui il est évident que la peinture doit susciter le rire et les larmes, le plai-

---

* Durant sa présence à l'atelier ont lieu la fabrication mais, surtout, la mise en place de la grosse boule de cuivre de la lanterne du dôme de Florence. Non seulement il participe à sa fabrication, mais il contribue aussi à déterminer comment s'y prendre pour monter au sommet du dôme. Léonard, c'est un fait, a une bonne connaissance des instruments et des solutions techniques de l'époque.

** Il expérimente les préparations de *gesso* et d'enduits de toutes sortes : « Le bois devra être de cyprès ou poirier, ou sorbier ou noyer, que tu enduiras de mastic et de térébenthine, deux fois distillée, et de blanc ou plutôt de chaux. Puis couvre-le d'une couche d'une double ou triple solution d'arsenic ou de sublimé corrosif dans de l'alcool ; ensuite enduis-le d'huile de lin bouillie pour la faire pénétrer partout et, avant qu'elle ne refroidisse, frotte bien le panneau avec un torchon pour qu'il paraisse sec ; applique ensuite du vernis liquide et du crayon de céruse puis lave-le avec de l'urine lorsqu'il est sec. » Ainsi préparé, le panneau est prêt pour l'étape suivante, le transfert des dessins préparatoires sur la surface blanche, très souvent il s'agit d'un « carton » (de l'italien *cartone* : grande feuille de papier) grandeur nature de l'ensemble de la composition. Les contours sont percés de petits trous, beaucoup de dessins présentent ce type de perforations. Puis le carton est fixé à plat sur le panneau et tamponné, avec un petit sac rempli de fines particules de charbon ou de ponce, qui en laisse une trace en pointillé sur la surface. Le carton s'appelle alors un « poncif », de *ponce*, procédé nommé *spolveratura* en italien. Le peintre peut ensuite poser la couleur en suivant les contours. La peinture à l'huile est en train de s'imposer.

sir et l'effroi, l'enthousiasme ou la mélancolie. Ce que, cinq siècles plus tard, Arthur Cravan * résume par un définitif « la peinture, c'est marcher, boire, courir, manger, dormir et faire ses besoins... vous aurez beau dire que je suis un dégueulasse, c'est tout ça... ».

L'imitation monstrueuse est parfois tellement réussie que d'aucuns oublient qu'il s'agit d'abord et seulement de peinture. Illusions dangereuses. Léonard sent tout le parti qu'il peut tirer de la confusion qu'il engendre. En même temps, il ne se sent pas libre, ne se détache pas assez de Verrocchio, vit des commandes que celui-ci lui concède, et ne veut pas prendre conscience que, en dépit de ses rapports exécrables avec son père, celui-ci s'entremet, encore et toujours, auprès de possibles commanditaires, histoire de lui mettre le pied à l'étrier.

GINEVRA BENCI ET LES PETITES MADONES...

Quelques œuvres sont restées célèbres et accessibles, avant l'exil forcé. Sans doute lui ont-elles été cédées par Verrocchio. Elles lui apportent un début de gloire. Ce ne sont que trois petits chefs-d'œuvre : le portrait de Ginevra Benci, la *Madone à l'œillet,*

* Poète-boxeur, neveu d'Oscar Wilde, ainsi qu'il se prétendait. Unique et génial rédacteur de la revue d'art *Maintenant* commentant les grands salons de peinture du début du xxᵉ siècle et dont est extraite cette citation.

et la ravissante petite madone dite *Madone Drey-fus*. Les premières presque sûrement de sa main.

Il noue une réelle amitié avec les Benci, une des plus célèbres familles de Florence. Leurs relations s'apparentent à un lien soutenu, à l'amitié d'une vie. Il fait le portrait de Ginevra, la jeune héritière, à l'occasion de son mariage avec un homme qu'elle n'aime pas, d'où l'étrange sentiment de tristesse de cette œuvre que Léonard n'est pas parvenu à estomper. Quant au père, il prend soin des affaires de Léonard et lui garde son « déménagement : mappemonde, bibliothèque, quelques tableaux amis[3]... » quand celui-ci quitte Florence pour Milan. Benci, qui sait les goûts et l'immense curio-sité de Léonard, lui offre des livres de médecine consacrés au cheval vers 1503 et lui commande encore un *Saint Jean-Baptiste* en 1510. Oui, voilà bien toute une vie d'amitié et de fidélité.

Ginevra demeure le premier de ses célèbres por-traits, le plus triste mais aussi le plus insolite. Il baigne dans une étrange lumière assez peu floren-tine. Quel rôle jouent ces feuilles de genévrier ? Se contentent-elles d'évoquer — discrètement — le prénom de l'héroïne ? L'arbuste joue aussi le rôle d'écran de séparation entre le monde extérieur et l'intimité qui s'instaure entre le modèle et celui qui le contemple. Le projet de Léonard, ici, c'est la *spezzatura* : cette invention italienne qui définit une sorte de désinvolture savante, ou l'art de cacher l'art. Déjà, il se refuse à faire étalage de son savoir, à laisser paraître dans sa peinture son degré de maîtrise, tentation à laquelle cèdent si souvent ses pairs.

Ici, il veut faire voir non une passion — passagère par définition — mais le tempérament du modèle, c'est-à-dire ce qui définit son être durable. Concevoir un mouvement, son obsession fondamentale : attraper le mouvement qui témoigne de sa vie intérieure. *Ginevra Benci* est sa première grande réussite dans cette direction et son unique tableau sur le mode triste, d'où sa rareté. Cela tient, pense Daniel Arasse, à la volonté du commanditaire : Bernardo Bembo est l'amant, peut-être platonique, de la belle. Elle est donc obligée de le quitter pour se marier avec un autre. Léonard pense plaire à Bembo en montrant le chagrin de sa belle par sa moue désolée, pour le consoler de sa perte… Reste que ce climat de mélancolie qui s'assume est une grande nouveauté en peinture. Concurrence directe ou influence reconnue des travaux de Botticelli ? La rivalité n'existe pas encore entre eux.

La minuscule *Madone Dreyfus* dite aussi *à la grenade* est un tableau de très petite taille (15,7 × 12,8 cm). La gaucherie du corps mal proportionné de l'Enfant Jésus et le paysage, de type plutôt flamand ou vénitien, à l'arrière sont très éloignés du Léonard des années suivantes et l'ont fait passer longtemps pour l'œuvre d'on ne sait quel Lorenzo di Credi. Ce tableau demeure une variation florentine typique autour des images de dévotion. Léonard emprunte à Lippi (père) cette ébauche de relation tendre entre mère et enfant.

Que confirment les deux madones suivantes, celle *à l'œillet* et la *Madone Benois*, proche de la *Madone Dreyfus*. Elles ont l'air d'aller par paire. Et sans doute est-ce le cas. Il doit en manquer une.

La *Madone Benois* est alors, avec *Ginevra Benci*, l'œuvre la plus personnelle de Léonard. L'Enfant a un mouvement plus marqué que jamais. Ce bébé est le plus physique de Léonard. Modelé par la lumière. Sa *Vierge* n'a plus rien de conventionnel avec son front très dégagé, c'est déjà presque la configuration de la *Sainte Anne*. Ce qui est là saillant et nouveau, c'est l'animation des figures, comme si les deux, s'entremêlant, croisaient leurs mouvements : la jeune mère joyeuse face à l'enfant à la gravité concentrée. C'est ainsi que l'artiste introduit l'état de l'âme en peinture, à l'aide de gestes naturels pris sur le vif.

Le trait commun aux trois madones est un travail sur le couple mère-enfant. Toutes sont d'ailleurs situées dans un intérieur s'ouvrant sur la nature. Les fonds aussi se parlent.

TAMBURAZIONE

À Florence, capitale de la médisance, le *tamburo* est visité chaque matin par les officiers de la nuit, sorte de brigade des mœurs, qui veillent sur la moralité citadine. Les dénonciations anonymes, déposées clandestinement durant la nuit, sont lues au matin et, sitôt que paraît un semblant de vérité, une enquête est diligentée. Revenons à cette affaire durant laquelle, en 1476, Léonard est victime d'une *tamburazione* restée célèbre. Celle-ci est d'autant plus meurtrière que terriblement précise.

Aux officiers de la Signoria, je déclare par la présente que Iacopo Saltarelli, frère de Giovanni Saltarelli, habite avec celui-ci dans la boutique de l'orfèvre via Vaccherecia juste en face du Buco ; il s'habille en noir et a dix-sept ans, ou à peu près. Ce Iacopo poursuit beaucoup d'activités immorales et consent à satisfaire des personnes qui lui demandent des choses condamnables. Et de cette manière, il a fait beaucoup de choses, c'est-à-dire qu'il a rendu pareils services à plusieurs douzaines de personnes sur qui j'ai de bonnes informations et j'en nommerai présentement certaines. Ces hommes ont sodomisé ledit Iacopo et de cela j'en jurerai.

Et l'informateur de fournir quatre des noms de ces prétendus partenaires ou clients dudit Iacopo :

Bartolomeo di Pasquino, orfèvre qui habite via Vaccherecia, Lionardo di ser Piero da Vinci, qui habite avec Andrea del Verrocchio, Baccino le tailleur de pourpoints qui habite près d'Orsanmichele, dans la rue aux deux grandes boutiques de tondeurs qui descend jusqu'à la loggia des Cerchi. Il a ouvert un nouveau magasin de pourpoints. Lionardo Tornabuoni alias, Il Teri, habillé de noir...

Ce Tornabuoni est le neveu du Magnifique.

Ce document n'est publié pour la première fois qu'en 1886. Jusque-là Léonard est considéré comme un homme obstinément chaste !

Ces boîtes rondes sont destinées à collecter tous

les ragots que la bassesse, la bêtise, la rancune et la jalousie accumulent. L'accusation de sodomie est la plus fréquente, elle se passe de preuves, la présomption suffit à déconsidérer l'accusé. Aussitôt le scandale éclate. Il dépasse de loin l'univers des ateliers. Pensez, un proche parent de Laurent de Médicis y est impliqué! Les gardiens de la morale font diligence. On se saisit des partenaires de ces « sodomies collectives ». Ils comparaissent ensemble le 8 avril 1476. La présence d'un rejeton de la famille Médicis incite les juges à acquitter tous les accusés « à condition qu'une nouvelle plainte ne soit pas déposée au *tamburo* ».

Pourtant, le 7 juin, tombe au *tamburo* une seconde plainte encore plus explicite : « Iacopo Saltarelli se fait sodomiser par de nombreuses personnes, surtout par celles dont les noms suivent... Léonard, bien entendu, toujours chez Verrocchio... »

À nouveau les juges absolvent. Le non-lieu ne prouve en rien l'innocence des prévenus. Mais au moins pour cette fois Léonard est sauvé. Il l'a échappé belle. Il se jure qu'on ne l'y reprendra plus. Et on ne l'y reprendra plus.

Que risque l'inverti à Florence en ces années-là ? Entre la peine de mort et rien, la marge est immense. De 1430 à 1505, plus de dix mille hommes sont accusés de sodomie. Au rythme de cent trente par an. Un sur cinq est reconnu coupable. Quelques-uns sont exécutés, d'autres bannis, frappés d'infamie, condamnés à de lourdes amendes, humiliés publiquement... au choix, selon qui juge et qui est jugé. Si l'accusation qui frappe Léonard ne peut être tenue pour négligeable, elle n'a rien d'exceptionnel. Plus que d'autres, les mœurs des artistes défrayent la chronique, suscitent haines et jalousies et sont dénoncées au *tamburo*. On s'étonne d'ailleurs souvent de la disproportion entre la peine et le délit.

L'EXIL

Qu'imaginer des effets psychologiques de cette affaire sur un jeune peintre en train de se faire une réputation ? La peur, l'angoisse d'être mêlé à un scandale qui risque d'impliquer son père, celle de perdre sa liberté, de devoir interrompre ses activités artistiques pour fuir Florence ? Peut-être ne fut-il pas molesté par les officiers du Bargello, peut-être ne connut-il qu'une seule nuit de prison ? Sitôt libre, il s'attelle à concevoir un étrange instrument « permettant d'ouvrir un cachot de l'intérieur [4] ».

L'affaire Saltarelli dévoile de la façon la plus cruelle sous les feux d'une salle d'audience la sexualité de Léonard.

Pour lui comme pour son père, le mal est irréversible. Le bâtard a irrémédiablement souillé le nom des Vinci ! Conséquence immédiate, le père escamote le fils de Florence. Il le peut. Léonard n'a aucun moyen de s'opposer à la décision paternelle : il n'en a pas les moyens financiers et, surtout, n'a

46

que vingt-quatre ans et la majorité est à vingt-cinq. Ordre donc de se faire oublier. Quand on rêve de gloire, la sanction est rude. On ne l'y reprendra plus. Jusqu'à sa mort, Léonard dissimulera tout ce qui dans sa vie pourrait donner prise au jugement de la bonne société. Celle dont il a besoin pour manger, pour travailler, pour exister. Il camoufle ses mœurs, tait ses amours, enfouit ses chagrins. Définitivement. Plus rien jamais ne dépassera ni ne le trahira. Quand il s'exhibera, et il va s'exhiber, ce sera en connaissance de cause, un risque calculé.

À REFAIRE

Se faire oublier et oublier l'humiliation. Deux ans de silence. Que fait-il à Vinci entre 1476 et le printemps 1478 ? Il exulte dans la nature qu'il aime d'amour, dessine comme un fou — il fait là ses premiers dessins de paysages à l'état pur. Il reprend des forces. Au retour, tout est à recommencer. Mais à son compte désormais. Il n'est pas question qu'il reprenne sa place dans l'atelier Verrocchio, un parfum de scandale reste attaché à ses pas. Mieux vaut qu'il reparte de zéro. Avec l'aide et les relations de son père, il va ouvrir, en 1478, son premier atelier. Et embaucher ses amis. Grâce à ce père pourtant résolument hostile, il drainera quelques commandes. Dont en 1481 un grand retable pour l'autel de l'église San Donato à Scopeto, dont les paiements sont étalés sur vingt-quatre mois. C'est une commande d'importance qui ne l'empêche pas d'entreprendre et d'achever dans le même temps la *Madone au chat*, la *Madone Benois* et une seconde *Annonciation*, peut-être bien celle du Louvre.

Peindre pour l'Église, c'est subir un certain nombre de contraintes que les artistes qui, de plus en plus, travaillent pour des personnes privées n'ont plus envie de supporter. On l'a oublié aujourd'hui mais, à l'époque, l'art religieux a une triple fonction. Il doit apprendre, enseigner aux fidèles, qui n'ont rien d'autre que ces images pieuses pour comprendre la foi qu'on leur transmet, les fondements de la bonne croyance. Il doit rappeler en permanence et les acteurs et les événements de l'histoire sainte. Enfin, il lui faut instaurer avec le spectateur, ou plutôt le fidèle, une véritable empathie pour ces personnages divins. Un chemin de croix doit donc aller jusqu'à faire pleurer.

L'ANNONCIATION

Peindre l'Annonciation en extérieur n'est plus une nouveauté mais, en général, on la situe sur un fond d'architecture que la scène met en valeur. Léonard, lui, prend son sujet dans l'horizontalité du panneau afin de conférer à son paysage une atmosphère diffuse encore inconnue. La perspective géométrique s'affirme par le dessin des pierres de taille qui forment l'angle des murs. Quand, tout soudain, sa perspective s'interrompt, s'efface, à la hauteur du dernier cyprès ! L'air embué se justifie par une formule peu usitée encore de « Marie, port du Salut » qui invite à cette atmosphère brumeuse, maritime et, pour tout dire, léonardienne avant l'heure. Quant à sa *Madone au chat*, le premier tableau de Léonard où figure un animal, elle exprime la fascination du maître, qui ne se démentira pas de toute sa vie, pour toutes les bêtes.

Désormais, on reconnaît sa patte à ses drapés, à ses intérieurs familiers et à ses fonds, ses perspectives atmosphériques bleues : une Toscane perdue dans un lointain azuré. Verrocchio en personne le consulte pour ce qu'il lui reconnaît d'excellent, un étendard représentant Vénus et l'Amour, pour la joute de Julien de Médicis. Si le gros œuvre est exécuté par l'atelier, c'est avec sa délicatesse de touche habituelle que Léonard achève le travail. Son père l'a aidé à s'installer et, pourtant, il se désintéresse totalement de ce qui arrive ensuite à son fils. Soit parce que déjà Léonard abandonne cette commande qui restera inachevée, soit parce que la naissance de son premier fils légitime l'autorise à oublier totalement son bâtard. La profession de notaire le rend très sensible au qu'en-dira-t-on, aussi se défie-t-il de ce fils encombrant. Ne lui témoignant jamais ni estime, ni confiance, ni tendresse, ni le moindre intérêt.

Sa troisième épouse, celle qui lui donne enfin des enfants, et surtout la quatrième qui lui en donnera aussi une demi-douzaine, vont peu à peu interdire à Léonard de passer le seuil de la maison de son père. Peur d'une mauvaise influence sur la progéniture légitime ? Léonard quittera Florence sans revoir ce père dont il dit : « Il connaît le prix de toutes choses, mais rien de leur valeur[5]. »

LA CONJURATION DES PAZZI

La fausse stabilité de la République sous la houlette à peine dissimulée des notables médicéens se fissure : le jour de Pâques, pendant la messe, dans la cathédrale où sont rassemblés les puissants, la conjuration des Pazzi déploie toute sa haine. Julien de Médicis, le joli petit frère du Magnifique, est assassiné de treize coups de couteau. L'aîné s'en tire avec des blessures légères, mais ivre de haine et de ressentiment. Les mois qui suivent sont dévolus à la vengeance. On tue, on pend, on étrangle, on bastonne sans trêve, partout.

Botticelli bénéficie de la commande officielle de la vengeance qui consiste à brosser le portrait en pied de tous ces pendus. Ses panneaux sont suspendus aux fenêtres de la Seigneurie, à la place des suppliciés. L'artiste fragile qui vient d'inventer la mélancolie en peinture vit très mal cet événement macabre. Alors que Léonard fait montre d'une incroyable impassibilité — désormais un de ses traits dominants — au milieu des violences des passions politiques, dans le même temps, il meurt de jalousie envers cet aîné qui sans avoir l'air d'y toucher réussit tout ce qu'il entreprend. Paradoxalement, sa jalousie renforce l'estime et l'amitié qui les unissent. N'empêche, les grandes commandes ne sont jamais pour Léonard. Il faut qu'il se fasse une raison. Et il n'y arrive pas.

Il ne se contente pas de travailler pour rien, c'est-à-dire exclusivement pour lui-même, il profite de ce temps « libre » pour améliorer ses techniques, suivre de nouvelles intuitions artistiques, s'engager dans l'étude de la philosophie. Ce faisant, il s'éloigne toujours davantage des peintres officiels et paraît encore moins à la mode...

DES PETITES MADONES...

La *Madone Litta* en témoigne et, surtout, sa *Madone au chat* : il s'y montre d'une incroyable familiarité avec le Bon Dieu, tellement de plain-pied avec la madone ! Ça ne peut que choquer. Le chat ne se contente pas d'être follement réaliste, ni l'Enfant Jésus de chercher à s'échapper des bras de sa mère pour rattraper son chat ; tout bouge dans ce tableau. Là encore, alors que Léonard craint de se faire mal accueillir pour ces travaux peut-être trop francs ou trop familiers, il rencontre un succès inattendu. Les commandes affluent. Mais, à nouveau, la guerre menace... Un temps, les bouleversements politiques font diversion.

La ville de Colle tombe entre les mains de la ligue antiflorentine. Les Médicis s'alarment. Auprès d'eux, Léonard intrigue pour vendre sa plus grande ambition : être employé dans le génie militaire. L'artillerie a désormais le dessus, la stratégie militaire en est modifiée, il faut trouver de nouveaux moyens de faire la guerre. Léonard veut inventer l'arme absolue pour les gagner toutes. Il rêve de cuirasses impénétrables, de chars à faux, de souterrains labyrinthiques, de bombardes, de sous-marins... Ses croquis plaisent, sa parole emporte l'adhésion, et puis... C'est tout. On ne lui commande rien. Il distrait, il séduit, il amuse, il enthousiasme sur l'instant, mais on ne lui accorde qu'une confiance limitée pour le passage à la réalisation.

Il se lance dans la sculpture puisque l'étude des ruines antiques fait fureur. Léonard s'entraîne au jardin de San Marco, sorte de « musée à ciel ouvert » pour sculptures, où sont entreposées toutes les pièces collectées par les Médicis. Il ne se contente pas de copier, il améliore. Il s'attache aux jets d'eau, aux complexités hydrauliques qui les meuvent, à la botanique... tout, vraiment, tout le passionne.

Les chevaux, il en possède, son père aussi. Il monte avec fougue et rage, très souvent. Il a besoin de plein air, de vitesse, d'effort. Une passion pour toutes les bêtes : les chats — tous les ateliers en ont, pour chasser les rats —, les chiens, pour le plaisir et la tranquillité, les singes, à la mode... mais il se rend aussi à la ménagerie de la République où deux lions se prélassent — le lion est l'emblème de la cité. Un mâle et une femelle. Il les dessine autant qu'il peut s'en approcher. C'est ainsi qu'il croque sur le vif le lion couché aux pieds de son saint Jérôme.

Il obtient un passe-droit pour assister à des dissections à l'hôpital Santa Maria Nuova. Il s'y rend avec entrain. Il veut délaisser l'invisible pour le visible. Choisit l'expérimentation. Ce sont ses premières tentatives d'anatomiste; il les reprendra régulièrement toute sa vie. Il ira de plus en plus loin pour décortiquer dans le détail, avec une extraordinaire faculté d'*autopsie*, ce qui signifie au propre et c'est ainsi que Léonard l'entend : *voir de ses propres yeux*. Il n'est pas le premier, Masaccio, et, croit-on, Pollaiolo, l'ont précédé; mais l'ensemble des artistes du Quattrocento s'intéresse à l'anatomie. C'est ainsi que l'époque bascule du divin qui nimbe tout le Moyen Âge dans le profane qui met l'individu au centre du monde. Ah! percer le mystère de la vie! Comprendre : sa plus forte passion. Ses passions, diverses, bigarrées, cachent mal une terrible crise de doute. Pourquoi, alors qu'il va avoir trente ans, Florence ne lui offre toujours pas de quoi se mesurer aux plus grands?

Enfin, une commande lui arrive : un saint Jérôme, qu'il décide de traiter avec le lion en premier plan et dans un état de transe érémitique. Seul le carton a survécu, qui se trouve au Vatican. C'est une des rares pièces qui ont toujours été attribuées à Vinci, jamais remises en question. C'est un carton effrayant, qui a d'ailleurs beaucoup plus terrifié ses contemporains que nous aujourd'hui.

Dans une solitude de cimetière, un genou en terre, le regard éperdu, le saint semble se frapper la poitrine d'une pierre aussi pétrifiée que lui-même. Un lion sauvage pour seule compagnie. L'ascétisme est le vrai sujet de ce premier *sfumato* de l'Histoire. Le *sfumato* est une technique, peu à peu mise au point par Léonard, qui consiste en une manière de voiler en estompant les contours, sans doute du bout des doigts, d'où l'impossibilité de copier la moindre ébauche de Léonard. Ici, le peintre cherche à démontrer l'indémêlable de l'ombre et de la lumière :

« Ô Peintre, ne cerne pas tes corps d'un trait, notamment les choses plus petites que nature, car non seulement elles ne peuvent montrer leurs contours latéraux mais, à distance, leurs parties mêmes seront invisibles[6]. » Ainsi explique-t-il sa recherche vers le *sfumato*. Et aussi ceci : « Pour qu'un objet fasse corps avec ce qui l'entoure, il doit porter un peu des teintes avoisinantes[7]... » Ainsi s'efforce-t-il de fondre la figure dans l'espace en superposant de très fines couches de peinture pour adoucir les contours par l'illusion d'un voile de fumée — le *sfumato*.

Ce fut un choc pour les Florentins qui en ont immédiatement déduit que Léonard n'avait pu inventer pareille précision musculaire et osseuse. C'est donc la preuve qu'il avait été y voir de plus près. De trop près ? À même les cadavres. La dissection est encore assez mal vue. Outre la puanteur, il faut procéder aux heures pâles de la nuit, se cacher. Mais rien ne dérange Léonard quand il cherche, rien ne l'offusque. Ni la clandestinité ni l'odeur.

Le saisissement face au *Saint Jérôme* est immense, son rejet au moins aussi violent. Décontenancé, Léonard n'achève pas ce tableau qui restera à l'état de carton. Définitivement.

Pour s'occuper en attendant... mieux... ? Il exécute pour lui seul madones, paysages, Annonciations. Il s'entraîne, il s'exerce. Et là, il achève. Et là, immédiatement, c'est le succès. Aussitôt tombe la commande dont il rêvait.

L'ADORATION DES MAGES

En juillet 1481, le couvent San Donato à Scopeto, dont son père est le notaire, lui propose enfin un grand format (246 × 243 cm), destiné à orner le retable du maître-autel. Et sur un thème qu'il espérait : l'Adoration des Mages. C'est un grand classique, à quoi tout artiste, surtout toscan, a forcément réfléchi. On lui donne trente mois pour livrer l'œuvre.

Il se lance. Son projet est démesuré, il n'ambitionne pas moins que de renouveler le genre. Il renverse les perspectives, fait, telle une scène de bataille, grouiller son arrière-plan de gens à qui il prête des traits précis et détaillés. Sur le devant émergent d'un *sfumato* encore flou la Mère et l'Enfant. Ni père, ni âne, ni bœuf... Pas d'auréole non plus, rien de la mièvrerie usuelle, ni des codes convenus. Comme il aurait dû s'y attendre, le choc est considérable. Sa modernité inquiète les commanditaires et saisit d'émerveillement la confrérie auprès de qui il se hisse parmi les grands.

Les moines, quant à eux, ne s'y retrouvent pas. Ça n'est pas du tout ce qu'ils ont commandé. Léonard, qui a largement dépensé ses avances, se paie le luxe de leur redemander de l'argent pour transférer le carton sur panneau. Les moines le paient, mais cette fois en nature. Qu'il ait de quoi vivre pendant le travail : du bois, du blé, du vin... Léonard dépense tout avant de commencer. Les moines se fâchent. Léonard laisse tomber. À nouveau, il refuse de finir. Il abandonne après avoir senti du mépris envers son carton.

Inachevée, l'*Adoration* ne reste pas au couvent, Léonard la confie à ses amis Benci. Il sait de quelle dose d'innovation elle témoigne, même sous forme de carton, et il tient à la conserver. Puisque les moines la lui ont refusée, elle est à lui.

De toute façon, il est persuadé que, même achevée dans les délais, les moines ne l'auraient pas acceptée : elle ne respectait aucune des structures convenues pour ce thème si cher aux Florentins, lequel renvoie aux légendes médiévales des Rois Mages importées d'Orient par les croisés.

Les moines patienteront quinze ans avant de trouver un artiste digne de Léonard et apte à achever l'*Adoration*. Ce sera le fils Lippi. Filippino, le meilleur élève de Botticelli.

Qui peut dire pourquoi, dès ses premières commandes, Léonard cultive pareil don pour l'inachèvement ! Sitôt qu'il est à son compte, il ne réussit plus à finir ses œuvres, à livrer ses commandes à l'heure ni même après. Il ne termine plus rien. Son *Saint Jérôme*, qui a pourtant fait parler de lui, dès l'instant qu'il a le sentiment de le tenir, de l'avoir saisi là où il le cherchait, il l'abandonne dans un coin d'atelier, n'a ni le cœur, ni le goût, ni la constance de l'achever. Et pourtant, sa plus grande, sa plus constante angoisse tient en ces mots qu'il répète à loisir : « Que le temps s'écoule en vain[8] ! »

Les raisons qui ont fait abandonner à Léonard son *Adoration*, sa plus belle commande, demeurent encore plus mystérieuses. Quoique son abandon coïncide précisément avec la décision de Laurent d'envoyer les « meilleurs artistes de Florence à Rome pour faire la paix avec Sixte IV et décorer sa nouvelle chapelle ». La jalousie, le dépit, un vrai chagrin ? Laurent prétend avoir choisi les meilleurs, sous la houlette de Botticelli. Les meilleurs comme ambassadeurs de la culture toscane, les meilleurs mais pas Léonard ! Alors il décide de fuir, de disparaître, de déserter la Toscane qui, décidément, ne le mérite pas. Un pays qui a Laurent à sa tête, c'est-à-dire l'homme le plus laid qu'il ait été donné à Léonard de rencontrer, dit assez le grand mensonge qu'il recouvre. D'ailleurs, encore aujourd'hui, un malentendu entoure ces Médicis. Le vrai mécène, ce n'est pas celui que l'Histoire a retenu sous l'appellation de Magnifique, mais bien son petit-neveu. Ce Lorenzo de Médicis, qui porte le même nom certes, mais c'est celui-ci, l'obscur, qui a vraiment commandé des œuvres à tous les artistes de la Renaissance. Le Magnifique s'est contenté d'amasser quelques pierreries et de dépenser l'argent de la République dans ses fêtes. Personne, pas un peintre, pas un sculpteur, il n'a aidé aucun artiste. On lui attribue les formidables intuitions artistiques de son petit-neveu parce que, de leurs deux noms homonymes, l'Histoire n'a su en retenir qu'un seul.

PARTIR OU FUIR ?

La cour de Lombardie sous Ludovic Sforza, qui s'est autoproclamé duc de Milan, est en passe de devenir la troisième d'Europe. C'est là que Léonard doit aller.

Il fait alors une des choses les plus incongrues de sa vie qui, pourtant, n'en manque pas. Il rédige quelque chose qui s'apparenterait aujourd'hui à une lettre de candidature spontanée, en tout cas d'autopromotion incroyable. Dix pages pour vanter ses mérites d'architecte, d'ingénieur militaire, de *technologue,* comme on dit alors, et assurer le duc de Milan qu'avec lui à ses côtés, il ne perdra plus jamais une guerre.

Part-il représenter Florence et ce nouvel art de vivre qu'elle vient d'inventer ou fuit-il, tel un paria, devant l'insuccès constant qui le poursuit ? Le débat n'est pas tranché entre ses différents biographes, mais son étrange lettre fait pencher pour la fuite. Il en a assez d'être « un talent prometteur », à près de trente ans. Il recopie ce vers de Dante : « Ce n'est pas couché sous les plumes qu'on parvient à la gloire. Or qui consume sa vie sans elle [la gloire], laisse de soi sur terre trace pareille à celle de la fumée dans l'air, de l'écume dans l'eau [9]... »

D'aucuns ont prétendu que ce même Laurent, qui refuse d'être représenté par Léonard à Rome près du pape, l'aurait personnellement envoyé à Milan flatter les goûts qu'il imagine grossiers du petit-fils d'un condottiere qui détient la Lombardie. Difficile aujourd'hui de le croire. Surtout après lecture de « sa lettre de motivation » postulant n'importe quelle place, près du duc...

Profitant du départ de Bernardo Rucellai, nommé ambassadeur de Florence à Milan, pour l'accompagner, il part alors avec armes et bagages, animaux et œuvres, et deux de ses acolytes, ses amis de toujours, ses meilleurs compagnons de fête et de galère.

Le premier, Tommaso di Giovanni Masini, qui se fait appeler Zoroastre, est une sorte de jumeau grotesque de Léonard. Farceur mais non fou, il s'invente une ascendance secrète... et princière. Byzantin dans l'âme, d'où son pseudonyme, ingénieur et bouffon, alchimiste et ferronnier, forgeron de génie et astrologue de pacotille, charlatan en tout genre, il professe la magie et, surtout, extrait les métaux qu'il sait traiter mieux que personne.

Quant au second acolyte de Léonard, dont les liens d'amitié et les raisons de travailler régulièrement ensemble s'étendent sur plus de trente ans, c'est le bel Atalante, l'homme-orchestre, musicien, chanteur, danseur, le somptueux Atalante de Manette di Miglioretti. Tous trois sont des amis d'enfance et d'anciens élèves de Verrocchio.

Heureusement que les deux compères ont jeté un œil sur la missive que Léonard s'apprête à présenter à Ludovic le More, duc de Milan. Il n'y a pas dit un mot sur son métier de peintre, la principale de ses activités, tout de même, et la seule pour laquelle il ait reçu une formation et, par deux fois, un début de reconnaissance. Aussi Zoroastre et Atalante le contraignent-ils à rajouter dans ses « talents pour temps de paix » ceux de peintre et de sculpteur.

Sait-il, s'imagine-t-il sur la route de Milan qu'il quitte Florence pour de longues, de très longues années ?

Ivre d'ambition et de vitalité, il ne doute pas de réussir à Milan, mais pour rentrer ensuite auréolé de cette gloire vengeresse dont il n'envisage pas de se passer plus longtemps.

Il trépigne d'impatience. Il vole vers Milan. Là se trouvent la gloire, la fortune, la vraie vie...

Deuxième partie

(1482-1499)

Le départ de Léonard pour Milan est sans doute un des événements les plus déterminants de sa vie.

Trois cents kilomètres de Florence à Milan. À cheval, une semaine de voyage. Fin février 1482, Léonard pénètre enfin dans la ville par la porte Romana, en plein carnaval. En déduit-il pour autant que la vie à Milan est une perpétuelle fête ? Pour un Florentin, cette cité du Nord est un fort dépaysement. Les habitudes, les paysages, le climat, le mode de vie, la langue même, tout diffère.

Le climat lombard n'est pas sain, les hivers y sont humides, brumeux, noyés dans la pâle lumière du Nord qui va, pourtant, prendre lentement possession de la palette de Léonard. À peu près quatre-vingt mille personnes y vivent, sous la poigne des Sforza. Le dernier en date, celui de Léonard, c'est Ludovic Sforza dit le More. Depuis la paix de

Lodi * (1454), Milan est la cité qui monte, nous dirions aujourd'hui qu'elle a « le vent en poupe ». Elle est à la mode et profite au mieux de sa situation géostratégique : au pied des Alpes, au carrefour des voies de communication de l'Europe, tout ce qui passe par là prospère. Toute la ville croit en l'avenir. Elle est l'avenir.

L'usurpateur qui y exerce le pouvoir, le More, ainsi surnommé à cause de son teint, de ses yeux et de ses cheveux foncés, a aussi, comme on dit, le sang très chaud. Ses conquêtes toujours en appellent d'autres. Petit-fils de condottiere : son grand-père, un bûcheron devenu soldat, et soldat victorieux, a épousé l'héritière Visconti, propriétaire naturelle de la Lombardie. Normalement, c'est la branche aînée, donc son neveu, qui doit régner. Las, il n'a que sept ans à la mort de son frère aîné régnant. En attendant qu'il en ait l'âge et la raison, Ludovic Sforza gère la ville, l'agrandit, envahit les environs, Ferrare, Pavie... Il ne se contente pas de gagner des territoires, il lui faut conquérir aussi les cœurs de ses sujets, et la gloire, et la fortune, et ce qui, depuis les Médicis, assure à toute renommée une sorte d'assurance posthume : des artistes pour vanter ses mérites, durer après lui et perpétuer son nom par le biais d'œuvres par lui commandées.

La cour de Milan est en pleine expansion, donc Léonard doit s'y faire sacrer. D'entrée de jeu, l'am-

---

* La paix de Lodi, signée dans le chef-lieu de la province de Lodi en Lombardie (Italie), le 9 avril 1454, met fin à l'affrontement entre Venise et Milan qui durait depuis le début du xvᵉ siècle. D'où ce siècle de prospérité sans égal qui suit.

bassadeur Rucellai, nommé par le Magnifique pour le représenter à la cour de Milan, prend sur lui, peut-être bien contre la volonté de Laurent, d'y présenter Léonard officiellement.

Il échoue à l'introduire comme artiste dans la suite du duc. La guerre menace, et Ludovic a toujours en tête de la gagner. Voilà pourquoi il n'a aucun besoin d'un peintre, surtout d'un peintre toscan…

L'Italie est encore composée de nations, faites de petites cités, parfois de la taille d'un confetti. On s'y affronte pourtant comme d'empire à empire. De plus, à l'intérieur de chaque cité, il existe presque toujours une puissance rivale prête à s'emparer du pouvoir. Donc à signer des alliances pour écraser la partie adverse. En ce siècle instable fait d'ententes éphémères, de trahisons et d'opportunisme, la situation est naturellement embrouillée et les alliances mouvantes.

Les débuts de Léonard à Milan sont difficiles. On ne veut pas de lui à la Cour. Les premiers mois, il survit dans l'ombre de l'ambassadeur-mécène Rucellai et de quelques riches marchands florentins qui résident à Milan. Puis il rejoint et intègre l'atelier d'une famille d'artistes lombards, les Predis, et bénéficie de leur commande, en échange de son auréole de sulfureux Toscan. En avril 1483, soit un an après son arrivée, parvient enfin une commande sérieuse. Ambrogio et Evangelista Predis y associent d'emblée Léonard. Il s'agit du fameux retable de *La Vierge aux rochers*.

Si le style de Léonard trahit encore sa manière florentine, son interprétation est déjà libérée des prescriptions usuelles. Hors de question qu'il se cantonne au traditionnel groupe statique d'une Vierge à l'Enfant entourée d'anges et de prophètes. Il se lance alors dans la représentation d'une ancienne légende qui imagine la rencontre du Christ enfant avec le jeune Jean-Baptiste, en plein désert. Légende assez iconoclaste même si, pour l'heure, personne ne s'en émeut. Cette mise en scène audacieuse, quasiment hérétique, permet à Léonard de déployer ce fabuleux paysage de rochers et de massifs, allant jusqu'à en faire l'acteur principal de la scène, le chargeant de valeur symbolique comme dans le mythe de la caverne.

L'Immaculée y fusionne avec la maternité virginale, l'intérieur et l'extérieur alternent en ambiances denses et humides, des jeux de lumière artificielle dégagent les ténèbres comme un gant qu'on retourne. « L'utérus de la terre qui dévoilerait le mystère des forces vitales dans ses cavités parcourues par les eaux fondatrices[1]... », ainsi Léonard conçoit-il sa *Vierge aux rochers*.

S'il n'est pas le premier à peindre ses madones désacralisées — c'est Filippo Lippi qui a d'abord traité la Sainte Vierge en femme charnelle, sensuelle, et pour tout dire excitante —, en revanche, Léonard offre à Marie l'amour maternel et l'anxiété qui toujours l'accompagnent. Il la rend familière, émouvante, et si jeune, avec cet incroyable sourire mystérieux qui flotte sur son enfant turbulent. Ses madones vont servir de modèle aux peintres des siècles à venir.

L'influence de Léonard sur les frères Predis est prépondérante. Il introduit un étrange paysage, angoissant, lié sans doute à ses premières impressions de Lombardie. Et surtout, après avoir chassé le père de l'Enfant Jésus pour toujours de son œuvre, il donne à la Sainte Famille cet air dramatique qui ne peut que déplaire aux prêtres qui ont commandé le tableau. Le résultat est terriblement choquant ! En l'état, il leur est donc refusé.

Mais juste avant cet affront, tout s'interrompt. La peste de 1485 ravage la Lombardie. Elle tue un tiers des Milanais. Léonard aime passionnément la vie. Il oblige donc tous les siens à partir au plus vite dans n'importe quelle campagne voisine. Il a déjà croisé la « Visiteuse », comme on l'appelle par superstition à Florence, pour ne jamais la nommer, il sait que l'unique recette pour lui échapper est celle de Boccace : la fuite à la campagne toutes affaires cessantes. Il se contente de l'appliquer. Grâce à quoi, Zoroastre, Atalante et les frères Predis en réchappent.

Au retour, ils se retrouvent avec leur *Vierge aux rochers* sur les bras. Non seulement, elle leur est refusée, mais en plus, ils doivent en exécuter une seconde plus « convenable ». Sans doute est-ce celle de Londres. La première est au Louvre. Aujourd'hui encore, on ne sait précisément à quelle date est réalisée la seconde *Vierge aux rochers*. Le procès qui les oppose à leur commanditaire est arbitré par Ludovic, qui est sans doute aussi le mystérieux acquéreur de la première Vierge refusée, qu'il offre pour les noces de l'empereur Maximilien avec sa nièce, une Sforza. Vingt ans plus tard, quand le procès trouve enfin sa conclusion, on est sous occupation française, les attendus iront tous dans le sens des intérêts de Léonard. On ne sait trop comment. En tout cas, ses débuts milanais sont vraiment difficiles.

Mais la passion de comprendre le monde dans ses plus menus détails ne quitte jamais Léonard, aussi, pour se changer les idées et surtout ne pas rester immobile, il s'adonne à cette recherche, cette quête qui ne le lâche jamais : faire l'oiseau, voler, inventer des ailes à l'homme et s'en servir...

Toute sa vie, Léonard va lutter contre sa paresse à se lever matin. Plus que cela, il semble atteint d'une manière d'incapacité à émerger de son sommeil qu'il juge sacré. Il n'a pourtant de cesse de se le reprocher, il rêve d'en guérir, mais il a beau inventer des tas de systèmes de réveils, plus bruyants et dérangeants les uns que les autres, il n'y a que certaines commandes, et encore, au début du travail, qui le font lever aisément. La perspective d'une seconde *Vierge aux rochers* est loin d'avoir ce pouvoir. Voler, s'élancer dans l'espace ? Bien davantage !

On sait tout cela parce qu'à dater de ce premier séjour à Milan Léonard prend sa vie en note, sa vie intellectuelle, ses projets, ses rêveries, ses comptes de ménage au quotidien, ses aphorismes, ses croquis de tout, machines, sculptures, peintures, objets dont le sens aujourd'hui échappe... Il fabrique lui-même des cahiers cousus main, de sorte qu'ils tiennent dans sa poche afin de les avoir toujours sur lui*. Il les noircit de cette écriture qui a tant fait jaser et qui accrédite sa réputation de sorcier ou d'espion. Écriture dite spéculaire, c'est-à-dire lisible seulement en reflet dans un miroir. Ce n'est sans doute pas par souci du secret ni pour mieux dissimuler ce qu'il écrit qu'il use de cette écriture, mais plus sûrement parce qu'en bon gaucher jamais contrarié cette manière de faire est la seule qui lui soit naturelle et aisée.

Très vite, l'ambiance bon enfant des ateliers lombards et l'estime émerveillée dont Léonard jouit parmi ses pairs dégénèrent en fête permanente. C'est là encore un de ses dons. Le plus spectaculaire de ses dons : l'art de la fête. C'est aussi le pire. Il y consume ses nuits, y entraîne ses confrères et

---

* On a plus de sept mille pages de la main de Léonard, sans compter tout ce qui s'est «égaré», dont on n'a pas pris soin et qu'on a proprement gaspillé. Ses notes elles-mêmes se présentent sous trois formes : des feuilles volantes d'origine, ou arrachées de ses cahiers pour se passer de main en main. Des recueils reliés mais qui furent réunis après sa mort, appelés des *codex*. Ils ont le format d'un atlas. On en a retrouvé à ce jour vingt-neuf.

tous les gueux de la cité. La confrérie lombarde est éblouie par l'homme Léonard mais surtout par ce qu'il semble lui faire partager des mœurs toscanes, et d'une licence artistique et festive qu'on n'osait hier encore qu'en cet endroit du monde.

Ces années-là, on ne lui connaît pas d'amour, mais des incursions constantes dans le *contado*, ces campagnes qui cernent les villes où poussent les bordels et s'épanouissent les mauvaises mœurs.

LE MUSICIEN

Par chance, le duc de Milan est entiché de musique. Chaque année, il organise des concours où se presse la fine fleur de l'Italie musicienne. Josquin des Prés est de ses familiers. Léonard, qui pour la musique et le chant s'est toujours associé à son ami Atalante, ne peut pas perdre. Il doit remporter le concours.

C'est sans doute alors que Léonard brosse le portrait d'Atalante, autrement appelé *Le Musicien*. Un de ses rares portraits d'hommes.

La lyre à bras — variante de la viole à bras — est une manière d'ancêtre du violon. Cinq cordes mélodiques accordées au moyen de chevilles, insérées dans un chevillier en forme de cœur, entrent en vibration par friction sous l'action d'un archet et produisent différentes notes selon l'endroit où elles sont pressées, du doigt contre la touche, plus deux cordes à vide, ou bourdon, qui ne produisent qu'une seule note et sont pincées avec le pouce de la main, droite chez Léonard, gauche chez les autres. C'est l'instrument le plus répandu pour s'accompagner quand on récite. Mais la lyre à bras de Léonard est des plus étranges. Elle a la forme d'un crâne de cheval revêtu d'argent, ce qui lui confère une caisse de résonance plus puissante et une meilleure sonorité. Léonard s'accompagne et improvise, musique et poème. Atalante le suit, qui danse et chante. Ils remportent le prix. Ça ne lui vaut toujours pas la considération universelle à quoi il prétend — ni même d'être intronisé à la Cour.

Tout, Léonard va tout essayer pour séduire le duc. Sa fameuse lettre, dont on ignore s'il l'a jamais remise, en est un bon exemple. Elle n'a en tout cas jamais reçu aucun écho.

Lui échoient cependant quelques travaux d'urbanisme, des conseils en architecture pour la tour-lanterne du Dôme, semblable à celle à la construction de laquelle il avait participé encore tout jeune dans l'atelier Verrocchio, des projets de cité idéale... Rien qui le situe au-dessus de la mêlée, rien qui le sauve.

Dans ces périodes d'inertie forcée, il prend beaucoup de notes. Toujours l'oisiveté mène à l'écriture. Ce qui n'est pas sans causer de gros problèmes d'approvisionnement en papier. Ce ne sont pas tant les grandes feuilles de papier pour le dessin et les études préparatoires qui font défaut, que le papier d'utilisation courante, pour noter ses idées en perpétuelle évolution, ébullition serait plus juste. Idées qui seront mises au propre, ensuite, espère-t-il, un jour. Il va jusqu'à s'approprier des feuilles prises sur un registre judiciaire comportant une liste d'amendes pour délits mineurs, datée de décembre 1489, afin, en les repliant plusieurs fois, de fabriquer ses petits carnets. Il y écrit au recto ses premières farces et facéties, tirées de cette littérature populaire qu'il adore. Toute sa vie, il recueille des petites histoires populaires, souvent salaces, toujours courantes. Il apprécie surtout celles qui se moquent des prêtres et des prédicateurs, les *belle facezie*, courts récits comportant un double sens érotique ou sexuel.

Jeu de mots, jeu d'esprit : Léonard parvient à rassembler pas moins de cent cinquante-quatre rébus sur les deux faces d'une même feuille grand format ! Pictogramme dessiné sommairement, dont l'ingéniosité de l'invention fait le charme. Et qui laisse entrevoir un Léonard amuseur mondain, social, fin poseur de devinettes, grand faiseur de rébus dont les Italiens sont friands, et se délectant de l'embarras des courtisans rivalisant pour trouver la clef de ses énigmes.

Ses prophéties aussi sont destinées à divertir la société. Dans ses *Carnets*, elles sont parfois accompagnées d'indications de mise en scène : « Tu citeras ceci comme exemple de frénésie, de démence ou de dérangement du cerveau. » D'aucuns en déduisent qu'elles devaient être déclamées sur un ton parodiant l'extase ou la *furor* de l'oracle.

Exemples : « Ils sont beaucoup qui égorgent leur mère et lui retournent la peau. Il s'agit d'une métaphore pour désigner les laboureurs de la glèbe… Les hommes asséneront de rudes coups à qui assure leur existence : ils broieront le blé… Ceux qui auront le mieux travaillé seront les plus frappés, leurs enfants enlevés, écorchés et dépouillés, et leurs os brisés et écrasés : des noyers dont on gaule les noix[2]… » Ou encore de petites histoires comme celle-ci : un chien dormait sur une peau de mouton. Une de ses puces, ayant subodoré l'odeur du suint, estima que c'était un lieu où l'on vivait mieux et plus à l'abri des crocs et des griffes du chien, qu'en se repaissant de lui comme elle faisait. Sans réfléchir plus avant, elle le quitta donc et tenta à grand-peine de s'insinuer jusqu'à la racine des poils, entreprise qui après force suées s'avéra vaine, car ils étaient si touffus qu'ils se touchaient et la puce ne trouvait nulle place où entamer l'épiderme. À bout de force et de fatigue, elle souhaita retourner à son chien mais il était parti. Après un long repentir et des larmes amères, elle en fut réduite à mourir de faim…

Ces fables à énigmes témoignent d'une sensibilité à la nature qu'on n'imagine pas à cette époque. Mais dont manifestement Léonard fait preuve. Ne va-t-il pas jusqu'à faire pleurer son auditoire quand il traite sur le même mode hommes et animaux ? Était-ce le but ? Outre tenter de distraire, donc de plaire, voulait-il en plus moraliser la Cour ? On ne peut s'empêcher d'y penser en le lisant. Perce chez lui un côté « écologiste » avant la lettre, parfois même avec obstination.

Une fois écrites, ses « plaisanteries » perdent tout leur sel. D'autant qu'elles sont de qualité variable. Quelques-unes sont vraiment très vulgaires, scabreuses, ou terriblement satiriques, beaucoup d'anticléricales se mêlent à d'autres, plus poétiques ou réellement écologistes. Il faut imaginer Léonard, pince-sans-rire, faisant s'esclaffer la Cour sans daigner même sourire. En partie à cause de cet esprit qui n'a jamais su ne pas être facétieux, Léonard apparaît presque toute sa vie aux yeux de ses contemporains et surtout des puissants comme un marginal, un amateur doué mais qu'on ne saurait prendre au sérieux. Car l'esprit de sérieux s'installe, dès la Renaissance.

MACHINES MAGIQUES...

Dans ses *Carnets* se rencontrent pêle-mêle tous ses centres d'intérêt. Artillerie, nouveaux modèles de bombarde, note sur la mécanique et l'architecture, esquisses de portique et apparats de fête, projets de guerre sous-marine, croquis d'animaux, dessins de grotesques, têtes et corps de monstres, profils de somptueux jeunes hommes, fleurs extrêmement détaillées, précises... En revanche, on y trouve peu ou pas de notations intimes : Léonard s'est toujours méfié des mots et fuit le genre littéraire. Son style est des plus secs. Familier et laconique, il en use comme un artisan de ses outils, en les ménageant.

Surtout, il consigne ce qu'on appelle aujourd'hui ses rêves de machines, dont les historiens s'accordent désormais à penser qu'elles sont peut-être de simples citations copiées sur d'autres artistes : de ces idées qui traînent dans l'air du temps... On envisage telle ou telle chose, et chacun dans son coin tente d'y apporter un début de solution.

Aucun de ses engins ne sera construit. On n'a jamais trouvé aucune trace de réalisation. Sans doute restèrent-ils de purs projets chimériques. D'ailleurs, aucune de ses études n'est pleinement aboutie, ni complète ni dépourvue d'ambiguïté. Elles constituent une réflexion qui n'est pas close sur les méthodes et les moyens pour les réaliser, mais comme on ne (re)découvrira ces *Carnets* que beaucoup plus tard dans l'Histoire, pour les premiers à la fin du XIXᵉ siècle, en 2000 pour les plus récents, on ne peut décemment prêter à Léonard la paternité de la moindre de nos modernes machines.

D'autant que tant de fascination appelle le canular. En 1960, on a découvert au dos du feuillet 133 du *Codex Atlanticus* le modèle de la bicyclette, que l'avenir peut juger d'une fidélité inouïe. Une perfection de bicyclette moderne. On estime que ce chef-d'œuvre date de 1500 ! Quelque temps s'écoule avant qu'on ne découvre que c'est un canular magnifiquement griffonné à la toute fin du XIXᵉ siècle par un bibliothécaire facétieux.

Pourtant c'est bien pour « vendre » ses talents d'ingénieur militaire et d'architecte que Léonard cherche à se faire embaucher par le duc de Milan. Mais ici comme à Florence, il est surtout reconnu pour sa maîtrise du portrait privé, enfin en vogue. Depuis Filippo Lippi, l'Église commence à céder du terrain en tant qu'unique et despotique commanditaire. Même si ces panneaux demeurent le seul livre où le peuple peut déchiffrer l'histoire sainte. Les nobles se font peindre à cette époque sans référence à la religion. Même les bourgeois et les riches marchands osent commander aux peintres à la mode des sujets qui n'ont plus rien de sacré. Jusqu'ici, la peinture se devait de l'être. Et le contenu des œuvres commandées, exclusivement sous les directives des hommes de Dieu. Presque exclusivement *.

Et justement, Ludovic le More a beau posséder le cynisme rare d'un très fin politique, le voilà amoureux, et même follement épris d'une très belle jeune femme, Cecilia Gallerani. Sachant que tout passe, il veut défier le temps et fixer à jamais l'instant de cette grande beauté et de ce grand amour. Léonard est l'homme de la situation. De *Ginevra Benci* au *Musicien*, comme portraitiste, il a fait ses preuves et ces preuves sont connues. Mais dans ce cas précis, il va devoir se surpasser. Il écrit à ce propos dans ses *Carnets* : « Pour être universel et plaire aux goûts les plus divers, tu dois, peintre, faire qu'en une

---

* Et l'Église avait «la main lourde». Quand elle commandait, par exemple, une crucifixion, elle seule décidait quels personnages devaient figurer au pied de la Croix, si l'on devait voir les trois crucifiés ou le Christ seul, quel fond devait paraître, l'heure et le jour... Elle distillait les pigments au jour le jour, ayant toujours peur de se faire voler et que les artistes revendent les plus riches couleurs ou ne trompent leurs commanditaires en usant de couleurs diluées ou moins concentrées.
Avec la commande privée, les artistes imposent de plus en plus leur point de vue. Si l'on n'a plus à s'en tenir uniquement à la Bible, on peut rêver davantage.

même composition, il y ait des objets de grande obscurité et de grande délicatesse d'ombre, en faisant connaître la cause de ces ombres délicates [3]. »

LA DAME À L'HERMINE *

Cecilia Gallerani est effectivement magnifique. Aussi, au lieu de céder au clinquant et aux fards ostentatoires, artifices traditionnels des belles, *a fortiori* des courtisanes, Léonard privilégie sa beauté naturelle et décide de la représenter sans parure ni bijoux. Une jeune fille dans la pure beauté de ses dix-sept ans, dans une posture toute de retenue et de pudeur. Saisi par la surprise d'une chose inattendue mais extérieure à la scène, son visage s'éclaire dans un mouvement brusque, orienté de trois quarts vers ce mystérieux point de fuite au-delà du panneau. Dans ses bras, une hermine à fourrure blanche, qui a elle aussi entendu ce quelque chose venant du même point externe, et qui est demeurée en suspens, prête à réagir à toute éventualité.

Entre la dame et l'hermine, le mimétisme plas-

* Cette œuvre vaut au peintre sa première mention dans un poème de Bernardo Bellincioni : « Comme tu te montres jalouse, Nature, de Vinci qui a peint l'une de tes merveilles ; la belle Cecilia dont les yeux si pleins de charme font paraître d'ombre noire les rayons du soleil. » Il dit aussi : « Par son art, il la montre comme si elle écoutait sans parler. » On reconnaît la courtisane à l'érotisme et à la sensualité qui se dégagent de ce portrait et de la main caressant l'animal. À la sobriété de sa parure, aussi : fronton doré, bandeau noir, filet plaqué sur les cheveux et collier simple dénotent le statut de concubine, soumise et réservée.

tique et la correspondance symbolique touchent à l'âme. À l'expression tendre, vertueuse et épanouie de Cecilia répond la pureté immaculée de l'animal dont on dit qu'il préfère la capture et la mort à la souillure fangeuse du terrier. L'hermine est aussi le symbole de la modération. Évoquant cette œuvre, on parle de « portrait-sculpture », tant la vie y est présente. Léonard peint cette figure emblématique avec une force telle que l'image bascule dans le réel, l'hermine montre là toute l'agressivité de sa nature prédatrice dont Ludovic le More n'est pas exempt... Ses pattes griffues prêtes à l'attaque et crispées sur la manche rouge de la jeune fille en témoignent.

Léonard a sûrement peint l'hermine d'après nature. Les fourreurs de Milan importent alors des hermines qui, en outre, servent fréquemment d'animaux de compagnie. Et l'on sait que Cecilia en possède un couple. C'est l'animal à la mode. Et Cecilia est à la mode.

Ce portrait suscite immédiatement intrigues et curiosités. Le bouche-à-oreille fait son œuvre. En s'attachant aux mouvements de l'âme de son modèle, plutôt qu'à son apparence, le peintre en exalte toute la séduction.

Ce portrait va faire autant pour sa réputation à Milan qu'à Florence celui de Ginevra Benci à l'orée des années 1470. Autant. Donc pas assez. Pour une éclatante reconnaissance, Léonard doit encore patienter.

Ce chef-d'œuvre l'introduit pourtant à la Cour. On lui offre la quasi-exclusivité de l'organisation des fêtes ! Rien à voir ? Non, en effet. Et pourtant dans les deux cas, on prise avant tout la personnalité, la nature formidablement enjouée, généreusement festive, rayonnante et joyeuse de Léonard. Rien ne lui convient mieux que la mise en œuvre des plaisirs de tous. Et là, une fois encore, en cette matière impalpable de la joie collective, il innove. Incroyablement même. Et le succès est immédiat. Au point que la mise en scène devient sa spécialité. Pour sa vie entière.

Oui, mais après ces exploits, hérite-t-il enfin d'une commande de statue équestre dont rêve tout ce que l'Italie compte d'artistes et d'artisans ? Toujours pas. Cette statue-mausolée d'hommage à Francesco Sforza, fondateur de la dynastie de Ludovic, est un défi à tout ce que l'Italie compte de sculpteurs. Tous en rêvent et Ludovic prend soin de faire monter la convoitise. Il n'est pas pressé.

Le fait d'être florentin à Milan en ces années-là présente pourtant un léger avantage, au moins sur le plan linguistique, face aux lettrés de la Cour. Insuffisant tout de même pour hériter des bonnes commandes.

Pour survivre, entre deux mises en scène de fêtes, Léonard doit ouvrir un atelier avec des élèves et des assistants, dans lequel sera présent ce souci de polyvalence qui assure la bonne marche de l'entreprise. Il aime bien le rôle de maître d'atelier. Il témoigne d'une grande patience pour exiger de ses élèves qu'ils assimilent les bases de leur métier, progressivement et avec sérieux. Il n'autorise pas les jeunes de moins de vingt ans à toucher pinceaux et couleurs, ne leur permet de s'exprimer qu'à la pointe d'argent. On parle d'une foule de jeunes gens qui donne un éclat prestigieux à son atelier. Ici aussi, Léonard est entouré d'une belle jeunesse turbulente. Une foule ? sans doute pas. Les hagiographes, les premiers, ses contemporains, ont déjà un goût marqué pour le dithyrambe. Les suivants seront pis encore, à croire que c'est Léonard qui inspire « naturellement » le superlatif exagéré.

Il fera peu de disciples, et surtout aucun des grands peintres à venir ne sortira de ses mains. Et pourtant, tous l'imiteront mais sans sa capacité d'invention. L'imitation en peinture n'est qu'un stade de l'apprentissage. Mais quoi qu'il fasse, à quoi qu'il s'occupe, toujours la curiosité le démange. Savoir, comprendre, encore... Aussi, vers la fin des années 1480, il reprend ses dessins d'anatomie. Son apport dans ce domaine, et les progrès qu'il favorise, dépasse largement la portée de ses autres recherches. Il a analysé et dessiné la structure du corps humain avec une rigueur scientifique et une précision inconnues jusqu'à lui. Et là, encore, oui, il innove.

ANATOMISTE

Il fallait une audace et une ténacité à toute épreuve pour entreprendre ces investigations encore un peu suspectes sur le plan doctrinal, et qui, en outre, nécessitaient de très peu ragoûtantes manipulations sur des cadavres puants, en l'absence de tout système de réfrigération. Léonard y manifeste sa volonté d'adopter un mode d'investigation concret, direct, de vérifier les données des Anciens : Galien, Hippocrate, Aristote... qui constituent encore les seules vérités fondamentales des écoles de médecine. Léonard les soumet à l'épreuve du réel. Oh ! Les médecins ne s'y opposent pas mais jugent ces « manipulations dégoûtantes » assez inutiles pour leur science. Alors que les traditionalistes du temps considèrent l'anatomie comme une curiosité déplacée et, selon l'endroit, scandaleuse. L'homme étant à l'image de Dieu, il est répréhensible de vouloir analyser son fonctionnement comme s'il s'agissait d'une mécanique.

En 1489, Léonard a trente-sept ans, et il contemple ce symbole universel de la finitude de l'homme : un crâne. Vu de profil, en coupe et du dessus, il l'étudie selon différents angles à l'aide de dessins d'une très grande finesse, magnifiquement ombrés, dont le rendu frise le fantastique. Un des buts de Léonard est de déterminer la place de l'âme, les coordonnées exactes du siège de l'âme. Il est possible, pense-t-il, au moyen d'analyses rigoureuses et objectives dont ses dessins sont les meilleurs outils, de percer les plus profonds secrets de l'esprit. On croirait l'entendre dire, penché au-dessus de la boîte crânienne : si ce « sens commun » existe, on doit pouvoir le localiser, si l'âme existe, se situe-t-elle plutôt à cet endroit... La foi

du magicien mêlée au scepticisme du savant. L'anatomie lui ouvre le monde. Ivre de chercher, ses
curiosités se multiplient : il en dresse des listes
mirobolantes :

Applique-toi à décrire le tout commencement de l'homme,
quand il se crée dans la matrice
Et trouve pourquoi un enfant de huit mois ne vit point...
Et ce qu'est l'éternuement...
Ce qu'est le bâillement...
Le haut mal
Les spasmes
[...]
La paralysie
Le tremblement que cause le froid
Transpiration
Lassitude
Faim
Et le sommeil
La soif
La luxure[4]...

Sa boulimie de savoir ne connaît pas de bornes.
Chaque domaine approché lui en ouvre un autre.
Et l'anatomie sert de passerelle entre les différentes
disciplines qu'il recoupe afin de démontrer qu'elles
ont toutes partie liée. L'anatomie comme pierre de
touche de la peinture, mais aussi l'anatomie au service de ses démonstrations de naturaliste. Il tend
ainsi vers cette définition du peintre philosophe des
néo-humanistes qu'il ne porte pourtant pas dans
son cœur.

« Le 22 juillet 1490, Giacomo est venu habiter avec moi, le jour de la sainte Marie-Madeleine. Il a dix ans[5]. »

Effectivement, un certain Caprotti da Oreno, homme de très peu de culture et surtout fort méchant, confie * ce jour-là à Léonard son fils de dix ans, Giangiacomo, pour lui servir de garçon d'atelier. Comme tout le monde, Léonard est frappé par sa beauté luciférienne, son profil d'ange, ses longues boucles blondes qui tombent en cascade sur ses épaules. Évidente, lumineuse beauté.

Très vite, l'ange se révèle un véritable démon. D'où son surnom de Salaï, ou Salaïno, sobriquet qui signifie diable ou diablotin. Sans la moindre gratitude envers celui qui le nourrit grassement, l'habille de neuf et de luxe, Salaï vole de l'argent dans la bourse de Léonard, qui note l'épisode et le montant du vol dans un nouveau carnet, qui devient vite un livre de doléances à l'endroit de l'enfant qui y est d'abord traité de « voleur, menteur, têtu, glouton[6]... » cherchant à nuire de toutes les manières

---

* D'aucuns ont prétendu qu'il l'avait remis pour de l'argent, c'est-à-dire clairement vendu à l'artiste. Comment savoir ? Toute l'histoire de cet enfant, de son arrivée à son départ, est entourée d'un flou, sans doute volontaire, par un Léonard qui souhaite masquer la nature réelle de leur relation qui transparaît pourtant à différents endroits de ses *Carnets*, dans ses comptes par exemple, où l'enfant est infiniment favorisé, ce dont ses contemporains furent témoins.

possibles et imaginables à la bonne marche de l'atelier.

Pour Léonard, c'est le commencement de la plus ambiguë mais aussi de la plus riche et de la plus durable des relations de sa vie ; sans doute sa plus tenace histoire d'amour. Difficile pourtant de parler d'amour. Pour ce qu'on en sait. Et pourtant, de quoi d'autre peut-il s'agir ? Ce qui le lie à ce garçon d'atelier, à la très vague ambition de disciple, au visage merveilleux et souriant, si souvent reproduit en dessin, au corps harmonieux, qui va lui servir de modèle quasi exclusif, en tout cas pour les nus, relève sans doute davantage d'un lien sadomasochiste, de ce type de relations généralement entendues par la formule maître-esclave, le maître n'étant pas toujours celui qu'on croit, sorte de caricature des couples de giton et d'amant... où les liens du cœur, du sexe et de l'argent sont indémêlables.

Des sentiments plus qu'ambigus lient très vite le maître à l'enfant. Léonard ne peut déjà plus chasser Salaï qui ne manque pas d'accumuler les exactions. Dès l'origine, le garçon se conduit odieusement, mais dès l'origine, Léonard est sous le charme. Il ne s'en séparera plus. Les années passant, ce sera même, répétons-le, la grande aventure de sa vie. Il l'imposera à tous en dépit de ses vilenies et de la mauvaise réputation qui en résulte pour l'atelier. Léonard tiendra même une comptabilité clandestine de ses vols pour tenter de réparer ses bêtises.

À la cour de Ludovic, tous les artistes rêvent que leur échoie la prestigieuse commande — le grand projet du duc dont bruit toute l'Italie, cette fameuse statue équestre de très haute taille qu'il désire offrir en mausolée à son père. Léonard comme les autres. Mais au nom de quoi un Toscan, même pas sculpteur, hériterait-il du grand rêve lombard ? Parce qu'il le veut plus que tout.

Le chantage exercé par le duc sur les artistes qui grouillent à sa cour dans l'espérance de la statue ne touche pas que Léonard qui, lui, la désire si avidement ! Il a l'impression que sa vie en dépend, aussi le duc peut-il le faire manger dans sa main, le réduire à quia, lui commander tout ce qui lui passe par la tête. Par chance, la diversité de ces tâches comble cet incroyable touche-à-tout. Ce chantage durera quelques années. Léonard est invité une première fois à organiser une fête, puis, le succès aidant, une autre, et une autre encore... Au terme de chacune d'elles, qui s'effacent mutuellement et sont toujours dites « inoubliables », Léonard espère qu'on va enfin lui commander ce qu'il nomme lui-même le « Grand Cheval ». Ce qui ne l'empêche pas d'éprouver une grande joie non dénuée d'excitation dans la conception et la fabrication de ces fêtes.

C'est ainsi qu'il hérite de la fonction d'organisateur des fêtes chez Sforza. Il supervise la confection et la mise en place des apparats, des décors à ciel ouvert, il pavoise les villes, les rues, décore les places, installe d'incroyables praticables à couvert dans les châteaux ou les palais... Il commence généralement par créer le lieu du spectacle avant de concevoir puis d'installer sa mise en scène.

L'une des premières et des plus spectaculaires de ces fêtes est celle du mariage d'Isabelle d'Aragon avec Giangaleazzo Sforza, le fameux neveu de Ludovic, dont il usurpe chaque jour davantage le duché. Quant à la promise, Isabelle d'Aragon, elle appartient à la plus puissante maison d'Italie. Une aubaine pour le More. La fête doit étinceler. Il faut que les plaisirs tournent les têtes... pour faire oublier au marié toute velléité de pouvoir sur ce duché qui est en train de lui échapper. Afin aussi de témoigner auprès des cours étrangères invitées que le temps du plaisir est revenu après une période de troubles. Autre façon d'affirmer les valeurs du duc, ces fêtes constamment renouvelées, ces fantaisies éphémères se hissent bientôt toutes seules au rang d'œuvres d'art.

Le cortège nuptial est attendu à Tortona que Léonard a entièrement fait pavoiser d'apparats, festons, tapisseries, guirlandes...

À cette occasion, il fait paraître pour la première fois ce qui va assurer son succès sa vie entière, le nourrir dans les périodes les plus arides et lui valoir sa réputation : un immense automate qui représente ici un guerrier géant à cheval, animé de l'intérieur, et qui semble se diriger tout seul de façon autonome, et même reconnaître la future mariée !

L'automate marche vers elle d'un pas ferme, de son bras mécanisé, salue la fiancée en lui offrant une gerbe de fleurs qu'il tire de sa poitrine ouverte. La surprise qu'il suscite ne trouve pas d'épithètes à sa hauteur. La Cour se pâme. Le monstre géant qui marche tout seul et reconnaît la fiancée est le portrait craché de Ludovic. C'est saisissant... Mais la mort soudaine de la mère de la future mariée interrompt la fête. On reporte les cérémonies à l'année suivante où Léonard devra se surpasser. Reprendre les noces et la fête où il les avait laissées, au moment du « cavalier mécanique ».

Le 13 janvier 1490, un an après son coup de maître, c'est donc la fameuse fête du Paradis. Léonard a obtenu carte blanche du duc pour en assurer la réussite. La fête n'a plus lieu à Naples mais, cette fois, à Milan. Pour séduire la maison d'Aragon, il faut l'éblouir. D'autant que la jeune fiancée, un an après ses noces interrompues, s'est mise à douter de la virilité de son futur époux. La somptuosité de la fête doit éclipser les manœuvres de Ludovic pour conserver la haute main sur le duché.

Dans les salles du château Sforza, Léonard a conçu un décor féerique au centre duquel prennent place les invités les plus prestigieux sur une grande estrade. L'air est saturé de parfums de myrrhe, de musc, de cannelle et d'aloès. En regardant le ciel on y découvre un dôme de verdure qui mêle les armoiries des deux familles qui s'unissent. Sur les murs, des scènes guerrières à la gloire de l'ancêtre des Sforza exaltent les légendes familiales. Les musiciens harmonisent et lient entre eux les différents moments de la soirée en leur conférant une unité endiablée. Le Paradis, tout au fond, est provisoirement masqué d'un grand rideau noir. Après les préludes musicaux, Isabelle d'Aragon ouvre le bal sur une danse napolitaine suivie de mascarades. À minuit, un ange paraît, qui fait mystérieusement se lever le rideau du Paradis sur un hémisphère parsemé d'étoiles. Dans un tourbillon de jeux de lumière ponctués d'harmonies instrumentales, Isabelle est l'objet de mille délicates attentions. Apollon pâlit de jalousie pendant que Jupiter lui rend un hommage appuyé et demande à Mercure, le messager des dieux, d'énumérer le don des Grâces païennes et des Vertus chrétiennes. C'est magnifique : le décor peint en perspective fait oublier qu'on est dans la salle du château, les costumes, les jeux de lumière, la musique vocale et instrumentale, tous ces effets de surprise... On se souviendra longtemps de cette fête, souvent imitée, jamais égalée.

Pour le More, le mariage de son neveu est un acte politique de la plus haute importance s'il en conserve le contrôle. Le jeune homme n'a de duc que le titre, pas encore les responsabilités. Et si tout se passe comme le veut Ludovic, il ne devrait jamais les prendre. D'autant que, à la suite des soins prodigués par Léonard et surtout par l'alchimiste Zoroastre, le chétif neveu semble avoir retrouvé comme par miracle un peu du sang de son oncle, de sa sève et surtout de sa vigueur. Effectivement, tout de suite après ces réjouissances, on chuchote que « la duchesse est enceinte et que le

Giangaleazzo souffre de troubles d'estomac pour avoir trop travaillé le terrain[7]... » Ce qui accrédite sinon la réputation de sorcellerie de Léonard soi-même, du moins les talents de magicien de Zoroastre. Léonard et les siens impressionnent là encore durablement.

LE « DECOUFLÉ » DU QUATTROCENTO

Léonard puise son inspiration dans l'expérience des antiques mais va beaucoup plus loin, combinant les techniques nouvelles de l'horlogerie nées au Quattrocento. Ses automates dans le contexte des fêtes de cours de la Renaissance ne sont que des éléments de spectacles raffinés et coûteux. Mais totalement inédits jusqu'alors.

Fabuleux maître d'œuvre de spectacles ahurissants, on prend Léonard pour un grand magicien. Pour autant, ça ne fait toujours pas de lui un sculpteur !

Il n'est pas le premier à avoir conçu des automates, il s'ancre même dans une tradition bien établie. Mais ses solutions techniques sont d'une extrême élégance. Leur inspiration est issue de quantité de savoir-faire, extérieurs au monde du théâtre. Le dispositif prévu pour l'*Orphée* de Politien, par exemple, est proche des engins de génie civil qu'inventera plus tard Léonard pour creuser des canaux. Beaucoup de ses mécanismes, comme les échappements, les engrenages ou les cames complexes, empruntent directement au monde des horlogers. Florence abrite alors les plus grands génies de l'horlogerie, notamment les frères Della Volpaia, amis de Léonard, qui ont inventé une horloge astrologique hors du commun, capable d'imiter mécaniquement le mouvement des planètes à partir de calculs savants et d'engrenages parfaitement usinés.

D'ailleurs, pour une autre fête, Léonard conçoit un bal de planètes qui tournent à l'aide de machineries, portant ses acteurs en costumes mythologiques, destinés à descendre du ciel sur un mont artificiel. L'horloge, véritable boîte noire des secrets de l'horloger, devient la métaphore de l'univers créé par Dieu. Décrypter les secrets du monde, c'est mettre au jour les mécanismes mathématiques mis en jeu par le Créateur. Construire des automates, incarner des secrets merveilleux pour la plus grande joie de spectateurs, c'est peu ou prou se mettre à la place de Dieu. Ne pas perdre de vue cette dimension démiurgique dans la fascination de Léonard pour les machines et les robots et la défiance proportionnelle qu'il inspire. Le mécanicien se fait métaphysicien. La façon dont il parle des ressorts en leur prêtant quasiment une âme (« le ressort A désire aller vers B[8] », peut-on lire à propos de serrures) laisse penser que le metteur en scène mirifique de Milan imagine un mystère plus grand que celui qu'il orchestre.

Un an plus tard, on commande à Léonard les divertissements et le tournoi organisés par et chez le capitaine général de l'armée lombarde, Galeazzo da Sanseverino *. Pour l'occasion, il crée des costumes d'hommes sauvages **. Les descriptions de ces costumes donnent une idée particulièrement exotique de la conception médiévale de la sauvagerie! L'apanage essentiel du sauvage réside dans un bâton de bûcheron! Un choc artistique et culturel pour les Milanais, tant le réalisme de ces barbares leur semble proche.

En 1496, dans la villa du frère de Galeazzo, Léonard met en scène une pièce mythologique de Baldassar Taccone, intitulée *Danaé*. Son génie mécanique se surpasse : dans un ciel étoilé de lampions où sont peints les dieux de l'Olympe, Mercure descend pour transmettre à Danaé le message amoureux de Jupiter. Ensuite, il fait tomber une pluie d'or miraculeuse, puis Danaé, transformée en étoile, monte au ciel au son des trompettes et des cornets. Dans le dernier acte, la déesse de l'Immortalité descend sur terre expliquer aux nymphes le mystère et annoncer la naissance de Persée. Puis Apollon, à l'aide de sa lyre, chante les louanges de Jupiter et du prince auquel on identifie Ludovic le More. Si l'on en croit les dessins du *Codex Atlanticus*, les apparitions se font à l'aide de grandes amandes illuminées descendant du plafond ou

* Qui est en outre le gendre de Ludovic. Il a épousé Bianca, sa fille naturelle, le 10 janvier 1490.
** *L'uomo selvatico* dans la tradition populaire incarne l'irréductible puissance de la nature. Un certain état d'innocence de l'humanité. Le sauvage est vêtu comme l'homme des cavernes, de peaux de bêtes ou de feuillages et d'écorces, et armé de bâtons noueux. Léonard ajoute un grand nombre d'hommes à cheval accoutrés en sauvages : barbus, barbares, aussi bizarres qu'effrayants.

surgissant d'un pilastre creux grâce à un système de contrepoids et d'engrenages. Palans, poulies, mécaniques huilées, Léonard jubile. Il n'aime rien tant que coordonner ses incroyables machineries.

Le clou de toutes ses représentations est sans doute celle des noces simultanées de Ludovic le More avec Béatrice d'Este et de la nièce du duc, Anna Sforza, avec Alfonse d'Este. Il fallait, nonobstant ses amours pour ses maîtresses, Cecilia Gallerani, et demain Lucrezia Crivelli, que Ludovic fasse un mariage d'une grande opportunité politique. Le royaume d'Este est le plus riche du moment. Coup double ! Le 24 janvier 1491, Ludovic épouse la cadette, Béatrice, et sa nièce épouse un cousin d'Este ! Rarement alliance sera aussi bien scellée.

La grande salle de son château est pavoisée de toiles peintes illustrant vingt-neuf faits d'armes de Francesco Sforza, selon la technique du clair-obscur monochrome qui imite le marbre ombré. Bien sûr, là encore, ce Sforza ressemble trait pour trait à Ludovic et occupe tout le mur sous l'arc de triomphe. Léonard se concentre sur les « effets spéciaux ». Dans la cour du palais, il fait s'animer un grand automate, mû de l'intérieur par un enfant, qui représente un guerrier aux traits éthiopiens, vêtu de blanc, la main tendue vers la princesse en signe de salut. Si le duc ne comprend pas l'allusion à la statue rêvée…

Le succès de Léonard est considérable. Sans doute est-ce cette fois-là qu'il hérite enfin de la commande du fameux monument équestre. Comme sculpteur, on lui fait peu confiance, alors qu'il a toujours manié l'ébauchoir (instrument pour sculpter le marbre) et que la sculpture tient une grande place dans sa vie. Et si la passion du cheval est générale dans cette Italie guerrière, Léonard et Ludovic sont spécialement amoureux des équidés qu'ils montent tous deux divinement. La légende veut que Sforza, à l'heure de sa mort, ait fait amener à son chevet ses deux pur-sang préférés, ce qui est forcément faux puisqu'il est mort tout seul, en France et en prison...

MONUMENT ÉQUESTRE

Le projet de Léonard pour la statue est évidemment grandiose. C'est sa démesure qui fascine le More. C'est elle aussi qui l'a longtemps retenu. L'idée de Léonard est de surpasser tous les monuments équestres qui existent au monde, non seulement par ses dimensions, mais aussi par la position du cheval. Il le veut cabré ! Et coulé d'une seule pièce...

On lui fournit le gigantesque espace de la Corte Vecchia pour s'y installer avec tout son atelier, ses assistants, ses aides, ses élèves, ses animaux, et y commencer ses maquettes qu'on espère rapidement grandeur nature.

Les mois passent et, bizarrement, le travail n'avance pas. Léonard est perclus de doutes, il craint de ne pas être à la hauteur de son propre jugement, de ses espérances, et ça le hante. Le duc s'impatiente et finit par lui retirer la statue et par demander à Laurent de Médicis de lui envoyer un autre sculpteur, « un vrai ». Pour l'ancien élève de Verrocchio, le camouflet est d'importance. Laurent s'en rend-il compte ? Sa réponse à Ludovic le More est des plus encourageantes pour le Florentin : « Quand on a Léonard, on a ce que Florence a de mieux. » Alerté de l'offense, Léonard contre-attaque. À l'heure où les réputations naissent et meurent de la plume et du verbe, Léonard convoque ses hérauts, appelle des poètes rencontrés lors des fêtes de cour, amis, amants et compagnons, et les prie de chanter son rêve de statue et, pourquoi pas, de le louer, lui, au passage. La ruse opère. Des épigrammes subtiles de Piattino Piatti glorifient Sforza vu par Léonard en monument équestre. D'autres louangent directement le génie de Léonard. Tout cela finit par forcer la main du duc et l'incite à rendre à Léonard sa commande — et sa confiance. Il s'y jette cette fois corps et biens. Et, dès l'année suivante, on peut venir admirer le premier modèle en argile de cet immense projet dans la cour de la Corte Vecchia. On défile ! On s'exclame. Les poètes continuent de louer le maître. De plus belle… Et, cette fois, il y a de quoi.

En 1493, la maquette du cheval est achevée pour les noces de Bianca Sforza, la nièce préférée du duc. Ce mariage-là est censé consacrer son règne. En effet, la jeune fille épouse l'empereur Maximilien de Hongrie. Puissance montante d'Europe. Pour la première fois, le peuple, convié à la noce, peut admirer le modèle, le public est frappé de stupeur. La gloire de Léonard se répand *illico* hors d'Italie. Il a réellement créé l'œuvre la plus gigantesque au monde, la plus glorieuse jamais sortie des mains d'un homme. À elles seules, ses dimensions en imposent. Le modèle en plâtre atteint plus de sept mètres de haut, et il manque encore le piédestal ! Achevé, il aurait atteint les quinze mètres et son poids aurait excédé les soixante-dix tonnes.

Cette victoire ne fait pas oublier l'essentiel. La technique qui peine à suivre. Car comment fondre pareil géant ? Aucun moule n'est assez grand et, bien sûr, pour tout simplifier, Léonard veut le couler d'une seule pièce ! Comment envisager les délicates étapes de la fonte et de la fusion ? Léonard rappelle près de lui le fantasque Zoroastre pour ses solides connaissances, son savoir quasi magique en métallurgie. Zoroastre est toujours aussi joueur, d'humeur constamment joyeuse, célèbre pour ses farces, toujours il se distingue par sa folle originalité. Il ira jusqu'à faire graver sur sa tombe le dessin macabre d'un ange qui frappe, à l'aide d'une tenaille et d'un marteau, l'os d'un homme mort.

Pour fêter le retour de son plus ancien ami, Léonard lui fait confectionner un vêtement orné de bulles qui lui vaut le nouveau surnom de Gallozzala Bulle, s'ajoutant à la longue liste de ses surnoms — parmi lesquels Indovino : le devin. Zoroastre éprouve un respect quasi sacré pour la vie sous toutes ses formes. Pour rien au monde, il ne ferait de mal à une puce. Il s'habille de lin afin de ne pas porter de peau morte. Léonard aussi adore les bêtes, toutes, mais surtout les chevaux. Car on le dit capable de dresser n'importe quel animal. De plus, chaque fois qu'il passe devant un marché, il ne peut s'empêcher d'acheter les oiseaux en cage, uniquement pour la joie de les libérer, au grand dam des marchands. Si ses contemporains tiennent ses idées pour des extravagances, elles témoignent pourtant d'un amour infini de la vie. Ses études d'anatomie en témoignent autant que l'horreur qu'il éprouve pour la guerre « folie furieuse et cruelle[9] ». Qu'il veut combattre à sa façon, c'est-à-dire en inventant des armes capables de l'anéantir à jamais...

Grâce à Zoroastre, qui s'y est attelé de toute sa science industrieuse, l'heure approche de la fusion du monument équestre ! L'atelier de la Corte Vecchia est transformé en ruche d'une activité débordante, Léonard va pouvoir passer à l'étape finale, la fonte de sa statue. Il n'est toujours pas payé régulièrement. Or entre sa maison, son atelier, sa *bottega*, il doit faire vivre ses gens, entre huit et quinze personnes selon la saison : élèves, apprentis, aides, serviteurs et amis dont il s'entoure... outre les bêtes sans lesquelles il ne peut vivre. Comment les nourrir si l'argent ne rentre plus ? Il envoie à Ludovic un courrier pour lui des plus humiliants. Où il prétend orgueilleusement que sa statue de bronze défierait l'avenir et passerait à la postérité si seulement il pouvait l'achever. Mais comme il ne bénéficie d'aucun soutien familial, il est contraint de prendre son avenir en main et de tenir serrées les rênes de son atelier. Et donc d'abandonner ce « Grand Cheval » pour lequel il ne touche pas d'argent afin, par d'autres travaux, ceux-là payés, d'en procurer à l'atelier. Il aurait tant souhaité être indépendant des pressions qu'exerce le pouvoir. Des notes comptables sont fréquentes dans ses *Carnets* à cette époque : argent disponible, reçus, emprunts, sommes restant à percevoir et autres opérations financières…

Il a non seulement besoin d'argent pour sa subsistance quotidienne, mais aussi que le duc lui procure une grande quantité de métal. Il fait mettre de côté tout le métal disponible. Milan ne cesse d'accumuler du métal pour la statue.

Car, sur les conseils de Zoroastre, Léonard a décidé de fondre le cheval sans la queue et couché sur le côté. À eux deux, ils sont parvenus à maîtriser toutes les difficultés. Les voilà prêts pour la fusion. Fin prêts. Une fusion gigantesque, inédite, incroyable, réalisée en une seule fois et dans trois fours. Du jamais-vu ! Une impatience fébrile les gagne à l'approche de la fonte finale.

L'atelier, les amis, les poètes, les artistes, tout ce que Milan compte d'amoureux de la beauté est en ébullition. À l'inverse, Ludovic rechigne. Ne paie plus, se fait de plus en plus évanescent. Soudain, le succès de Léonard semble le déranger… Au lieu de s'empresser avec le même enthousiasme, d'autoriser au plus vite la réunion de l'énorme quantité de métal nécessaire à la fonte, il hésite, fait lanterner son monde. L'hommage à son père n'est soudain plus si pressé. Il ose même confier à Léonard la restauration urbaine de Vivegano, comme pour l'éloigner de Milan. Ses désirs sont des ordres, et Léonard a besoin d'argent, il obéit. Mais pourquoi le duc cherche-t-il à l'écarter de l'atelier à l'instant crucial ? Léonard s'inquiète. Serait-ce intentionnel ? Léonard n'en peut douter. Mais pourquoi ce revirement si près du but ? La réponse tombe comme un coup de théâtre. Et c'est l'Histoire qui répond : la guerre.

En 1494, Charles VIII, roi de France, envahit l'Italie. Les Médicis sont alors chassés de Florence, la cité toscane occupée... Ludovic doit-il lui aussi quitter Milan ? Urgemment ? Ça n'est peut-être pas la guerre immédiate, mais on construit des fortifications, de nouvelles pièces d'artillerie, cette artillerie qui a tant bouleversé la façon de faire la guerre. Ludovic doit une somme considérable au duc de Ferrare, plus de trois mille ducats. Lequel de son côté a désespérément besoin de métal pour fondre de nouvelles pièces d'artillerie afin de s'opposer au passage de l'armée française. Pour payer sa dette, et surtout éloigner le soupçon d'avoir conclu un pacte secret avec les Français, Ludovic lui donne tout le métal déjà stocké, presque cent soixante mille livres, amassé pour la fusion du monument.

Adieu cheval, gloire et fortune ! Il faut des canons, pas des monuments aux anciens morts, mais de quoi en faire de tout neufs ! Tout le bronze du cheval passe dans la fabrication de canons et de boulets !

Léonard ne décolère pas contre ces politiques

tellement inconstants, Ludovic en tête. Mais sa fureur est plus générale et concerne tous les hommes de pouvoir. Tous ceux qui jouent à la guerre. Sa déception est cuisante, un violent sentiment d'échec. Échec qu'on lui imputera forcément un jour, oubliant les conditions qui l'ont suscité. On parlera toujours de sa tendance à ne jamais rien achever et à ne pas respecter les délais. Mais cette fois les Français sont vraiment aux portes de Milan. Ils y entrent, y séjournent brièvement, Charles VIII à leur tête. Pendant ce temps, Giangaleazzo, le fameux neveu héritier légitime du duché, meurt à Pavie. On soupçonne le More de l'avoir empoisonné, puisque grâce à cette disparition, sitôt les Français chassés, il réintègre Milan où il se fait officiellement sacrer duc.

MÈRE ?

Le 16 juillet 1493 arrive à Milan une certaine Catarina. Ni son âge ni son lien avec Léonard ne sont précisés. On sait seulement qu'alors la maisonnée de Léonard se compose de six bouches : Salaï, Boltraffio, Marco d'Oggiono, Battista de Villanis, le serviteur, et donc cette Catarina en plus de lui-même.

Les historiens croient presque tous qu'il s'agit de sa mère. Sa pudeur ou l'évidence l'auraient empêché de l'expliciter dans ses *Carnets*.

Une femme, fût-ce sa mère, faisant ainsi brutalement irruption dans la vie de Léonard, dans ce monde quasi exclusivement masculin, ne passe pas inaperçue.

Si c'est sa mère, et sa fin fait sérieusement penser que c'est elle, depuis combien de temps ne l'a-t-il pas vue ? L'émotion est sûrement vive. Pour preuve unique mais symptomatique, la répétition compulsive de cette date fatidique dans son carnet : « Le seizième jour de juillet Catherine est arrivée, le 16 juillet 1493 [10]. »

La répétition des dates par écrit chez Léonard dénote toujours un très grand trouble. Il en sera de même à la mort de son père. On imagine qu'après la mort de son mari, celle de son autre fils, tué à la guerre, et le mariage de ses filles parties faire leur vie au loin, Catarina s'est retrouvée seule, sans aucun soutien économique, indigente... Elle n'a peut-être pas eu d'autre choix que de mendier l'hospitalité de son fils à Milan. Léonard retrouve donc une présence maternelle au quotidien. Apparemment, elle s'intègre facilement, silencieusement dans la maison et dans l'atelier de ce fils, cet artiste qui jouit d'une grande considération, et qui est beaucoup plus influent que son père ne le fut jamais.

On sait que, depuis l'arrivée de Salaï, Léonard tient ses comptes avec une admirable régularité. À la notation de la vie très quotidienne s'ajoutera plus d'une année après son arrivée la « liste des frais engagés pour l'enterrement de Catarina [11] ». Livres, drap mortuaire pour la bière, sucres et cierges, transport, érection de la croix...

À croire que la pauvre femme n'est revenue vers son fils que pour s'éteindre. Elle est morte presque deux ans après son arrivée à Milan. Le montant des frais de ses funérailles, loin d'être négligeable, persuade qu'il ne peut s'agir que de frais engagés pour une mère. Ce qui frappe alors, par contraste, c'est l'apparente froideur du document. Aucune émotion. Ou un art consommé de la dissimulation de ses sentiments les plus forts. Le mot « enterrement » est écrit par-dessus le mot « mort », effacé ensuite. Cette liste fait penser que Léonard cherche à se détacher de cet événement dramatique en l'insérant dans la comptabilité de tous les jours. Comme une dépense quelconque. Reste le témoignage muet d'une douleur intérieure, contenue, profonde. Douleur à la mesure de l'effacement silencieux et discret de sa mère. La pudeur méticuleuse de l'enfant abandonné...

N'EMPÊCHE, IL FAUT MANGER

Pour célébrer son alliance avec Maximilien, Ludovic le More demande aux peintres de reproduire « les armes et les bardes de Sa Majesté, le roi des Romains[12] » dans les décorations chargées, du coup, d'une importante signification politique. Le travail est pressé. Évidemment. Pour Léonard, habitué à évoluer très lentement et en liberté dans son atelier, cette urgence résonne comme une offense. Une vexation qui s'ajoute au fait d'être entouré d'une équipe de décorateurs payés à la journée ! Lui qui a l'habitude de toucher ses salaires au mois, ou à l'année, suivant les sollicitations. Là, pareil à un débutant, le revoilà payé à la tâche, tâches plus pressantes les unes que les autres. Ce qui ne l'empêche pas, toujours facétieux, mais souvent incompris, à l'occasion d'un tournoi, de faire un bouclier où il place un miroir des vertus ! Comprenne qui pourra ! Souvent dans sa vie, il se retrouve contraint pour nourrir les siens de « chasser la commande », de courir le cachet. Paradoxalement, après l'avoir obtenue, souvent il oublie de livrer. Perfectionniste et touche-à-tout, il passe toujours joyeusement du coq à l'âne.

Ce nouveau mariage offre aux poètes l'occasion de reparler du « génial inventeur de la Grande Statue » jamais fondue, et par là même de louer Ludovic, son promoteur, évidemment ; mais les poètes profitent de ces spectaculaires mises en scène pour rendre hommage à Léonard. Rêvant encore de voir sa statue coulée dans le bronze...

De toutes ses années de travail sur le « Grand Cheval » ne demeure qu'un modèle en argile crue, haut de 7,20 m. Et pour Léonard un chagrin incroyable, une terrible déception.

Il n'a plus aucune confiance, aucune estime envers les puissants. À commencer par celui dont il dépend. Ludovic l'a trahi une fois. Il le trahira toujours.

Ludovic porte soudain un grand intérêt au couvent Santa Maria delle Grazie. Il veut le transformer en un ensemble monumental dédié à sa gloire. Y faire édifier son tombeau et celui de sa femme. Alors, il commande à Léonard sa plus grande œuvre ! À nouveau, sa plus grande œuvre ! Peut-être pour se faire pardonner le camouflet du cheval, sait-on jamais ? Il cherche sans doute à illustrer le principe inventé par Cosme de Médicis : « L'art doit servir le prestige d'un lieu et de qui le gouverne. »

Qui dit réfectoire dit Cène, ainsi le veut la convention. Outre que c'est le thème favori de la peinture toscane, il fallait bien qu'un jour Léonard se confronte à son tour au plus célèbre sujet de la symbolique chrétienne. Une Cène immense pour le nouveau bâtiment construit par le grand Bramante.

Sitôt la commande passée, Léonard se concentre sur sa conception. Il songe à celle de Ghirlandaio, au réfectoire de San Marco à Florence. Il s'imprègne des dimensions de la pièce : cinq mètres sur neuf. Pour surmonter pareils défis, il opte pour la détrempe, plus lente à sécher que la fresque. Elle lui autorisera des ajouts, des finesses de style, des retouches de détail. Toutes sortes de repentirs.

Impossible pour lui de travailler *a fresco* qui

exige un travail rapide, sur un fond que sa récente édification a laissé humide. Même pour une peinture murale, Léonard choisit l'huile qui, séchant moins vite, permet de traîner en longueur suivant l'humeur et le loisir, d'atermoyer sur le finissage de l'œuvre. L'huile autorise une réalisation plus lente, plus conforme à sa façon de procéder. La lenteur avec laquelle travaille Léonard a fini par devenir proverbiale. Après de longues et lentes études préliminaires, il lui faut plus de trois ans pour en venir à bout.

Léonard choisit de fixer l'instant précis où le Christ annonce à ses disciples : « L'un d'entre vous me trahira. » Derrière la longue table frontale, à la manière toscane, les apôtres s'agitent, stupéfaits, et leurs mouvements contrastés créent quatre groupes de trois, d'où émerge, au centre, le Christ admirablement isolé. Son isolement est renforcé par le fin réseau des perspectives qui convergent vers lui. Une forte impression de monumentalité vient du fait que le point d'observation du spectateur (placé au centre du réfectoire) se trouve juste un peu en dessous du point de fuite effectif. C'est une perspective théâtrale où les plans du sol et du plafond sont inclinés tandis que ceux des parois latérales sont tronqués. Léonard effectue une réélaboration de la pyramide visuelle, au fondement même de la théorie d'Alberti, son unique maître en matière de perspective. Il y a là plusieurs nouveautés : personne n'a d'auréole, pas même le Christ ; et, pour la première fois dans une Cène, le traître est vu de face, et non de dos. Avant la trahison, il n'est pas encore traître, aussi n'y a-t-il pas encore de raison de le cacher.

La Cène est exécutée dans un espace de 4,60 m de haut sur 8,80 m de long. La technique de Léonard, inspirée de la détrempe, lui permet non seulement des ajouts successifs mais de modifier ses couleurs au fur et à mesure, jusqu'à obtenir une harmonie chromatique de l'ensemble. Il a cependant réalisé ici la recherche aboutie de l'élégance et la grande clarté de son style contre les obscurités et les pesanteurs médiévales. La détrempe *a tempera*, mélangée à l'huile et posée sur deux couches d'enduit, est ici réellement révolutionnaire mais aussi terriblement risquée, surtout si on l'applique dans des conditions atmosphériques inadaptées comme c'est précisément le cas. Le taux d'humidité de ce réfectoire est beaucoup trop élevé, à terme il va altérer les couleurs d'origine et, en très peu d'années, provoquer le décollement progressif de la peinture. En 1513, elle a déjà commencé de se gâter et ne cessera plus de se détériorer. Comme si la fragilité des œuvres humaines préjugeait de leur destinée, les traits des apôtres se flétrissent au rythme du vieillissement de leurs modèles. *La Cène* va se parer des rides du temps, s'effacer, se ternir peu à peu devant un public impuissant à endiguer son escamotage.

La fin tragique de cette ultime réalisation de Léonard à Milan lui fait réviser à la baisse sa vie milanaise. La période entière prend du coup l'aspect mitigé d'un travail inutile, d'une opiniâtreté vaine et d'une reconnaissance trop tardive, vu le peu d'œuvres achevées et, cette fois, plaide-t-il, ce n'est pas sa faute. Il en garde au cœur une impression de dispersion et de chagrin. Voilà le résultat de sa vie en Lombardie !

Derrière le bal des apparences, Léonard ne cesse de se cultiver et d'enrichir ses observations scientifiques de connaissances plus conceptuelles. Car que serait *La Cène* sans ses théories sur les mouvements de l'âme, celle sur la propagation acoustique ou sur la diffusion des traits de lumière ? En marge de ses « activités officielles » et spectaculaires, Léonard continue de travailler à une réflexion profonde sur l'art, la perspective, la peinture ou le vol humain...

Au couvent, Léonard ne peint pas que *La Cène*. En accord avec son titre de « décorateur du château » obtenu en 1495, il « décore » les trois lunettes qui surplombent *La Cène*. Il y représente les armoiries des Sforza parées de fruits, de végétations et d'inscriptions à leur gloire. Sur un autre mur du réfectoire, il brosse le portrait en pied de chacun des membres de la famille ducale, agenouillés en prière. Ludovic et son fils aîné, Béatrice et son cadet. Ils ne se sont jamais trouvés si beaux. Léonard remonte dans leur estime !

Un des autres thèmes obsessionnels que Léonard développe ces années-là touche aux formes symboliques, entrelacs, nœuds, interpénétration des formes courbes et sinueuses : serpents, boucles, mèches de cheveux, volutes entortillées, plantes grimpantes, mouvement tourbillonnant de l'eau des fleuves et des torrents autour d'un obstacle...

à ses yeux toutes ces choses reviennent au même et se correspondent.

De toutes les inventions décoratives de Léonard, celle de la grande salle du château — la Sala delle Asse — compte parmi les plus originales et les plus surprenantes. Ses solutions anticipent le maniérisme et le concept de nature artificieuse : de puissantes racines émergent d'entre les rochers, des troncs d'arbre aussi hauts que des colonnes et savamment entremêlés s'élèvent en direction de la voûte. Laquelle est intégralement couverte d'entrelacs vertigineux de branches, de frondaisons et de feuilles. Une étonnante réalisation, elle aussi, hélas, affectée par les outrages du temps et les procédés utilisés par Léonard.

Mais rien, même le génie de Léonard, n'a le pouvoir de camoufler les folies d'un régime au bord du gouffre. Ludovic le More précipite sa perte en des fêtes sans fin, engloutissant compulsivement les ultimes deniers du duché. Le regard tourné vers le vide, noyé dans un tourbillon de rumeurs venant de toutes parts, le duc écoute sans comprendre les sombres échos du destin. Tous répètent la même chose : « Les armées françaises s'apprêtent à envahir à nouveau la péninsule pour s'emparer de Naples, Venise, Milan[13]. » Le duché est menacé. Dans cette ambiance de fin de règne, le dernier voyage officiel de Léonard au port de Gênes détruit par une tempête sonne le glas symbolique de la maison Sforza.

Léonard va pourtant regagner les faveurs de Ludovic en exécutant le somptueux portrait de sa nouvelle maîtresse. La superbe courtisane lombarde Lucrezia Crivelli sera la dernière favorite connue du More. On dirait un buste sculpté tant le dynamisme du portrait est concentré dans le mouvement des yeux, tournés sur la droite de l'observateur et qui lancent hors de la scène un message inexprimé. Un peu comme *La Dame à l'hermine*, elle a l'air happée du dehors. Dans les deux cas, ces femmes semblent attendre ou entendre quelque chose ou quelqu'un : l'homme qu'elles aiment, forcément. Et c'est ainsi que ces yeux tournés vers l'extérieur indiquent silencieusement l'omniprésence du duc.

C'est alors qu'une tragédie inattendue le frappe de plein fouet. Béatrice d'Este, sa jeune épouse de vingt-deux ans, enceinte de leur troisième enfant, épuisée par toutes ces fêtes dont Léonard est l'ordonnateur, se trouve mal pendant qu'elle saute, danse et s'amuse en tous sens… Elle succombe dans l'heure avant qu'on ait même imaginé de lui por-

---

* Une double erreur de personne s'est opérée au XVIIIᵉ siècle quand le futur musée du Louvre entreprend l'inventaire de ses réserves. Ce tableau, qu'on met quelque temps à attribuer à Léonard, est d'abord identifié comme le portrait d'une maîtresse de Louis XIV, soit mariée à un monsieur Ferron, soit encore fille d'un ferronnier du roi. Quand on connaîtra l'identité de l'auteur, on redécouvrira qu'il s'agit de Lucrezia Crivelli, une des dernières maîtresses connues du More. Le nom de *Belle Ferronnière*, par quoi on avait pris l'habitude de l'identifier, lui est resté.

ter secours. Ainsi le 2 janvier 1497, Milan perd sinon sa reine, du moins sa duchesse, et Ludovic, l'épouse qu'il n'a cessé de tromper. Le choc, des plus violents, le fait vaciller. Aussitôt il fait repentance de toute son existence passée, se confit en religion et fait retraite à Santa Maria delle Grazie, où trône *La Cène*, où il a enterré son épouse, où il s'apprête à reposer à ses côtés. La fresque devient le lieu du mausolée où il passe tout son temps en prière. Le jeu et la fête cèdent la place aux pratiques religieuses ainsi qu'à un intérêt accru pour l'astrologie et la magie, qui ont toujours trouvé un écho favorable chez les Sforza. Et toujours également irrité Léonard. L'avenir est incertain. Les astrologues font fortune. Et tous, de l'aristocratie au plus bas de l'échelle, puisqu'on les leur a annoncés, semblent s'attendre passivement à toutes sortes de cataclysmes et de bouleversements pour l'ère nouvelle toute proche. L'an 1500 inspire de glorieux prêcheurs d'apocalypse plus charlatans les uns que les autres. Il se joue là une sorte de prélude à la fin des temps. Esprit libre, Léonard met dans le même sac prophètes et nécromanciens, mages et charlatans, qui tous entretiennent sciemment les superstitions pour mieux dominer le peuple.

Facétieux et moqueur, c'est là que Léonard produit ses pires *profezie*... Ces petits textes écrits pour être récités « en imitant la frénésie et le délire, l'insanité du cerveau, comme si le diseur de prophétie se trouvait en état de surexcitation des sens et de l'imagination, sous l'emprise du délire et des

hallucinations ». Et Léonard fait ça à la perfection :
il joue à l'oracle ! Et débite une longue chaîne de
devinettes dont la solution contient la charge
comique indispensable à la parodie. Les scènes les
plus terribles s'évanouissent dans les situations
les plus banales de la vie quotidienne. « On verra
les os des morts décider promptement de qui les
remue. » Les os des morts ne sont en réalité que
des dés. « On verra des hommes cheminer sur la
peau des grands animaux (des chaussures aux
semelles de cuir…). » « Ils sont beaucoup qui égorgent leur mère et lui retournent la peau : les laboureurs de la glèbe. » « Les hommes asséneront de
rudes coups à qui assure leur existence : ils broieront le blé. » « On demandait à un peintre pourquoi
il avait fait ses enfants si laids alors que ses figures
sur ses tableaux étaient si belles. Il répondit qu'il
faisait ses tableaux de jour et ses enfants de nuit [14] »,
etc. Ces énigmes, ces facéties ne sont pas seulement
un moyen de rendre manifeste quelque chose de
caché mais, surtout, proposent un défi à l'esprit afin
de le guérir de son dogmatisme naturel.

MATHÉMATIQUES

En 1496 vient à Milan pour donner une confé-
rence Fra Luca Pacioli, le plus grand mathémati-
cien de l'époque, avec qui instantanément Léonard
tombe en amitié. Et réciproquement. Luca ne

demeure d'ailleurs à Milan que pour travailler avec Léonard. Il l'initie aux mathématiques et à la géométrie d'Euclide. Léonard comprend plus vite que l'éclair. Pacioli est subjugué par sa vitesse d'assimilation de notions de plus en plus ardues. Entre eux deux, l'admiration est mutuelle, et réciproque l'amitié. En 1498, lors d'une joute scientifique à la Cour, Pacioli fait l'éloge de Léonard, et le sacre ainsi plus grand intellectuel de tous les temps. Ce dont secrètement rêvait l'artiste, toujours un peu humilié de n'être qu'un « homme sans lettres », c'est-à-dire ignorant le latin ! Il se moque régulièrement de lui-même à ce propos mais ce reproche revient trop souvent dans ses *Carnets* pour que ce ne soit pas là le signe d'une souffrance réelle. On se souvient qu'il a bâclé ses études, n'est allé qu'à l'école de l'*abaco* où il a appris le strict nécessaire. Donc pas le latin, à quoi il s'entraîne tout seul en cachette. Pour les mathématiques, un guide lui est nécessaire afin d'accéder aux calculs dont il a besoin.

Quant à Fra Luca Pacioli di Borgo San Sepolcro, il revendique l'héritage intellectuel et mathématique de Piero della Francesca sans se sentir le moins du monde tenu de le citer. Il le pille littéralement. N'empêche, il y convertit Léonard comme à Euclide, et Léonard découvre un univers passionnant, une infinité de problèmes, qui sont pour lui autant de défis à l'intelligence... Ensemble, assez vite, ils envisagent de publier un livre, *La Divina Proporzione* — un des trois manuscrits est aujourd'hui conservé à la bibliothèque Ambrosienne à Milan —, qui serait la somme de toutes les connaissances (et les emprunts) de Pacioli. Léonard accomplit des dessins de polyèdres réguliers dont la perfection fascine artistes et savants.

Dans la préface de Pacioli, le nom de Léonard se distingue entre tous, il loue l'auteur de *La Cène*, le concepteur du gigantesque monument équestre. Dont il cite, émerveillé, les mesures. Il ajoute : « Léonard a écrit une œuvre inestimable sur le mouvement, la percussion et le poids, et sur toutes les forces... » Léonard pressent le principe d'inertie. L'étude des mathématiques et de la géométrie devient fondamentale pour nourrir sa réflexion sur un monde qu'il suppose en équilibre harmonieux. Il joue encore au faux complexé, au malheureux *uomo senza lettere*, mais désormais avec dérision. « Comme je n'ai pas de culture littéraire, quelque présomptueux se croira fondé, je le sais, à me critiquer en alléguant que je n'ai pas de lettres. Ils soutiendront que faute d'expérience littéraire, je ne peux traiter comme il faut des questions dont je m'occupe [15] »... mais il apporte un radical changement de style par rapport au Quattrocento, et il le sait. Il est enfin reconnu par ses pairs, les autres savants et les mathématiciens. Surtout par Luca Pacioli.

Sans être cet humaniste de la Renaissance dûment formé à l'école de Politien et des autres néoplatoniciens médicéens, Léonard est devenu un esprit universel. Il place l'homme, et donc lui-même, au centre de l'univers, et fait converger vers ce centre tous les instruments de connaissance à sa disposition, toutes les méthodes, toutes les disciplines. « Dessiner c'est connaître [16] », affirme-t-il. Il est celui qui veut tout savoir, l'homme du Quattrocento par essence. Sa soif de comprendre englobe la terre entière. Rien ne résiste longtemps à sa curiosité, elle aussi universelle. Cependant, il ne perd jamais le sentiment d'être partout et perpétuellement un étranger, hier à Florence, aujourd'hui à Milan comme demain à Mantoue, à Venise ou à Rome... Étranger sur la terre ?

ENCORE DES FÊTES...

Après une parodie de guerre, quelque chose comme la répétition miniature de l'occupation de Milan, comme chaque fois, tout le monde à la Cour retourne à la frivolité. Sous la coupe de Ludovic, sorti ragaillardi de son deuil et de ses jeûnes, Léonard est de tous les projets, de tous les caprices. En dépit de la fréquence et de l'intensité des agapes auxquelles le duc contraint à nouveau sa cour, Léonard le premier, Ludovic reste insatiable. Ayant manqué tout perdre, le veuf inconsolé se grise une dernière fois de l'éclat de son pouvoir.

Dans ces fantaisies éphémères hissées au rang d'œuvres d'art, Léonard se révèle le meilleur. Il a le sens du merveilleux, le goût de la mise en scène, une attention maladive aux détails techniques. Ses conseils pour la confection des costumes de carnaval en témoignent. La vérité du beau n'est pas dans la grandiloquence mais dans le fragment, la vétille, l'infime. Le souci de l'accessoire : ce à quoi on reconnaît le vrai maître des illusions. Rien ne le laisse indifférent, il a l'œil à tout. « Pour confectionner un beau costume, dit-il, prends de la toile fine, enduis-la d'une couche odoriférante de vernis composé d'huile de térébinthe, glace-la avec un kermès oriental écarlate, en ayant soin que le modèle soit perforé, mouillé pour l'empêcher de coller [17]… »

Léonard crée un véritable théâtre expérimental dans les salles du château Sforza. L'architecture scénique devient un espace solennel et décisif où, désormais, les cours affirment leurs idéaux moraux, religieux, politiques…

Le succès aidant, Léonard croule sous les commandes. Sans toucher aucun salaire, hélas, depuis l'arrêt de mort de sa statue. À croire que le duc n'y songe pas.

Sa position chez Ludovic est de moins en moins enviable. Comme d'ailleurs celle de ce dernier en Italie. Retards de paiements, médisances, promesses non tenues. Léonard est excédé. Il lui écrit à nouveau pour se plaindre de l'indigence de sa situation et de celle de son atelier : « Je regrette beaucoup d'être dans le besoin et je le déplore d'autant plus que cela m'a empêché de me conformer à mon désir qui fut toujours d'obéir à Votre Excellence [18]. »

Finalement, en compensation de tout ce qu'on lui doit, il hérite… d'autres commandes ! Autres fêtes, nouvelles mises en scène… La décoration des chambres du château des Sforza. Oh! ce n'est pas un travail de grande envergure mais Léonard s'adapte, il n'a pas le choix d'ailleurs : il doit faire tourner sa *bottega*.

Réaliste et intelligent, il a contre lui les intellectuels ; universel et polyvalent, il s'attire la hargne des spécialistes. Tourné vers l'avenir, il décourage ceux qui ne vivent que dans le présent comme Ludovic. De sorte que cet homme qui a voulu tout comprendre et tout reproduire, tout pénétrer et tout rebâtir, n'est utilisé que pour ses capacités d'amuseur, voire, pis, de prestidigitateur. Il propose des plans de villes, on lui commande des costumes de scène. Le malentendu tourne au drame. Ce grand nerveux est un instable. Depuis toujours, il se jette dans les choses avec fougue puis les abandonne. Découragement ou satiété ? Il semble qu'il s'absorbe dans les tâches préparatoires pour mieux éluder l'échéance de l'exécution. C'est qu'avant tout la peinture est à ses yeux *cosa mentale*, une pure activité de l'esprit. Et même sa plus haute occupation mentale. « L'esprit doit se placer entre l'objet vu et la représentation encore à venir pour concevoir l'image à peindre. Le caractère divin de la peinture fait que l'esprit du peintre se transforme en une image de l'esprit de Dieu. Lui aussi s'adonne avec une puissante liberté à la création d'espèces diverses [19]... » Telle est l'affirmation orgueilleuse de son talent propre et la preuve de sa conscience aiguë de l'autonomie de l'art.

À l'heure où la Cour brade ses richesses pour trouver des liquidités, Léonard obtient son premier titre de propriété. Il a près de quarante-cinq ans. D'un point de vue foncier, la pioche est bonne, il s'agit d'une vigne d'un hectare située entre le couvent des Grazie et le monastère San Vittore, autant dire le quartier chic de Milan. Fort de son nouveau statut de propriétaire, au mépris total de la conjoncture, il s'emploie à mesurer soigneusement sa surface, à en estimer précisément la valeur. Pourtant, le temps presse. Léonard doit envisager de quitter Milan, se prémunir contre les imprévus, anticiper la chute de la maison Sforza. Milan est à nouveau menacée, et à nouveau par les Français.

Début 1499, l'artiste rassemble ses économies, le montant en est tout de même assez coquet, mille deux cent quatre-vingts lires impériales *. Au printemps, il solde ses comptes avec ses apprentis.

---

* La lire impériale est divisée en 20 *soldi* de 12 *denari* chacun. Elle constitue à l'aube du xviᵉ siècle la monnaie de référence où, à travers l'Italie, chaque région frappe monnaie : florins, ducats, *scudi, giuli*... Léonard l'utilise aussi bien que le florin florentin ou le ducat vénitien qui, à son époque, valent chacun autour de 4 livres. On sait qu'à la fin du xvᵉ siècle, à Milan, une lire permet d'acheter du pain pour quatre personnes pendant un mois, que c'est aussi le prix de 6 kilos de viande de veau, de 20 bouteilles de vin de pays, de deux livres et demie de cire de bougie ou d'une bonne livre d'un produit de luxe comme le sucre. En 1490, Léonard achète un livre de mathématiques de 600 pages pour 6 lires, un manteau brodé d'argent et bordé de velours pour 15 lires. Un bon cheval coûte 40 ducats — ou 160 lires. À Florence, un ouvrier du bâtiment gagne 2 florins par mois, un fonctionnaire 11 florins.

Alors que ses camarades ne bénéficient que de quelques lires, Salaï obtient neuf ducats d'or.

Ensuite les événements se précipitent. Le 6 septembre, Milan tombe aux mains des Français. Sans tirer un seul coup de canon, c'en est fini de l'illustre maison Sforza. Le 2 septembre, Ludovic se réfugie à Innsbruck chez Maximilien de Habsbourg. Son château tombe aux mains de l'armée française. Le 6 octobre, Louis XII, qui a succédé à Charles VIII, entre triomphalement dans la ville. Il va y demeurer un mois. Léonard n'a pas encore quitté Milan. Il attend la suite de l'histoire qui se déroule sous ses yeux, sagement, dans son cabinet de travail. Il prend des notes. « Le gouverneur du château est fait prisonnier, Visconti entraîné... Son fils tué, le duc perd ses États, ses biens personnels et sa liberté, et aucune de ses entreprises n'est achevée [20] », conclut-il froidement.

Léonard a toujours dit à son propos, et à la troisième personne : « Ne comptez pas sur lui, car il a une œuvre à accomplir qui lui prendra toute sa vie [21]. » Aucun autre lien jamais ne le retiendra. Aucun autre maître que sa liberté. On peut le nommer traître, lui sait où vont ses fidélités. En aucun cas à ces politiques instables et incertains.

Pas une ligne de ses nombreux *Carnets* ne trahit une critique ou une approbation des événements du temps. À croire que cela ne le concerne pas. D'ailleurs ça ne l'intéresse qu'en proportion du dérangement que cela peut lui causer. La guerre interrompt son travail, lui vole son bronze, la chute d'un souverain annule éventuellement les commandes de ses protecteurs, ou change leur nature, sinon… ? Rien. La politique n'est pour lui qu'anecdotes, épiphénomènes, péripéties, ennui, en regard de son travail.

Il a l'air de poursuivre sereinement ses travaux. Il n'en est rien. Le 14 décembre 1499, il fait créditer son compte florentin de l'hôpital Santa Maria Nuova, cette sorte d'ancêtre du mont-de-piété, de la somme considérable de six cents florins. Et pourtant, il a toujours le sentiment de manquer, d'être exploité, et surtout de ne pas arriver à faire vivre correctement les siens.

Après la chute de Ludovic, Léonard s'est discrètement rapproché des vainqueurs. L'admiration que Louis XII éprouve immédiatement en voyant *La Cène* assure son impunité et même un peu davantage. Elle le conforte dans son approche apolitique, voire opportuniste de la chose publique, pour autant qu'elle le concerne.

Ce qui ne l'empêche pas de préparer ses malles. Maintenant qu'il s'est rapproché des nouveaux maîtres, il envisage de les suivre à Rome. Ligny *, l'homme lige des Français, lui propose d'ailleurs de se joindre à eux dans leur route conquérante. Léonard hésite, il a l'impression que s'il part, là, maintenant, ce sera pour toujours. Un adieu à Milan.

---

* Louis de Luxembourg, comte de Ligny, est cousin de Charles VIII. Il revient à la tête des armées de Louis XII en 1499, et compte bien alors descendre jusqu'au royaume de Naples qu'il convoite. Les événements ne tournant pas comme il l'espère, il rentre en France avec le roi.

Dès l'aurore du 2 février 1500, jour de la Chandeleur, Luca Pacioli annonce à Léonard l'inondation d'une partie des édifices de la cité. Pendant la nuit, des émeutiers ont ouvert les écluses, l'eau est montée... La salle de *La Cène* est inondée, le sol déjà moisi. Sous l'humidité, une première couche d'argile commence à s'écailler, se détache du mur, le plâtre se soulève par plaques, des fêlures se forment partout, le salpêtre n'a plus qu'à s'installer. Léonard regarde longuement son chef-d'œuvre et se retourne. Il quitte le réfectoire. Pour toujours, pense-t-il... et il a raison. On ne le reverra jamais plus en majesté.

Des années durant, il a englouti là le meilleur de ses efforts et de son talent. C'est fini. Désormais le monde entier peut bien copier sa *Cène* — que le monde entier se dépêche, elle n'en a plus pour longtemps. L'image de son Judas, le visage de son Christ si lentement, si savamment élaborés vont se disperser partout, se détériorer irrémédiablement. D'un seul coup d'œil, Léonard a tout vu. Tout anticipé... il part sans se retourner. Oui, il s'en lave les mains.

Sous l'occupation des Français, la vie de Léonard n'est pas contrariée, peut-être même légèrement améliorée. Aucun changement quant à son travail. C'est pourquoi il n'est pas encore parti. Rien ne le presse plus.

Aux fêtes données par les Français, sitôt qu'ils ont conquis la Lombardie et pris possession du château Sforza, César Borgia est de loin le plus beau. Léonard, qui l'y voit pour la première fois, ne l'oubliera pas.

À Milan, la situation est pourtant de moins en moins sûre. Subitement le roi doit rentrer en France. Son adjoint, d'Aubigny *, et son allié, César Borgia, ensemble à la tête des troupes françaises doivent marcher sur Ferrare. Reste Trivulce ** qu'on laisse pour administrer la Lombardie au nom de Louis XII. Très vite, Milan se met à le haïr. Il est odieux, arrogant et vénal. Quand le Milanais prend en grippe, c'est brutal, en très peu de temps : il le hait autant qu'il a aimé Ludovic vingt ans durant, avant de s'en débarrasser du jour au lendemain. Trivulce fait regretter Sforza, c'est dire. Au moment où le roi de France quitte Milan, contraint par la conjoncture, les esprits s'échauffent au point que Léonard et Luca jugent soudain prudent d'abandonner les lieux. Déjà Bramante est parti... c'est un signe. On confisque la vigne de Léonard. C'en est un autre.

La rumeur parle du retour imminent de Ludovic, déterminé à châtier ceux qui en son absence ont collaboré avec l'ennemi. Léonard est de ceux-là. Il n'a plus un instant à perdre. Et il le sait. Il réunit quelques livres, vide ses comptes, vend ce qu'il ne

* Robert Stuart d'Aubigny est à la tête de l'armée du roi de France avec César Borgia. Pendant l'épisode de 1499.
** Giangiacomo Trivulcio, en français Jean-Jacques Trivulce, a pris la tête des opposants à Sforza, puis fomenté et mené le soulèvement de Milan au moment de l'arrivée des Français.

peut emporter, se fait tailler d'agréables vêtements de voyage et prépare les caisses, dont quelques-unes qu'il veut déposer à Vinci. Avant d'aller à Rome. Mantoue, ou Venise… ? Le More approche. Léonard hâte son départ.

Ce qui attriste vraiment Léonard, c'est d'abandonner le modèle en plâtre de sa statue sans doute pour toujours, et avec lui l'espérance qu'elle soit jamais fondue.

Son choix le porte en bonne politique à se rendre chez les plus puissants alliés des Français, les Vénitiens. À ses côtés, Salaï, Zoroastre, Giovanni Antonio Boltraffio, Luca Pacioli, son meilleur élève, qui a longtemps enseigné à Venise et qui est resté en contact avec les commerçants et les Juifs de la cité. Qui d'autre que Pacioli lui aurait conseillé Venise ? À l'heure où l'Italie s'embrase, seule Venise paraît sûre.

Le voilà, à près de cinquante ans, par une froide journée de décembre, sur les routes, à nouveau…

Troisième partie

(1499-1506)

Sur la route, ils font halte à Mantoue. Isabelle d'Este insiste depuis longtemps pour que Léonard la peigne. Des années que la terrible belle-sœur de Ludovic le harcèle pour qu'il vienne s'installer chez elle. Chez elle ? Mais Mantoue est un confetti de cité où règne déjà Mantegna. Trop petit pour deux grands peintres. Léonard réalise une ébauche sur papier, à la pierre noire, au fusain et au pastel jaune. Le fameux portrait d'Isabelle qu'on dit des plus ressemblants.

Léonard retrouve ses deux amies, les anciennes maîtresses de Ludovic. Ses merveilleux modèles qui de *La Dame à l'hermine*, qui de *La Belle Ferron-nière*. Assises au pied de leur portrait peint hier par Léonard, elles ont l'air d'en être les grands-mères. Elles sont devenues obèses. La prévoyante Isabelle veille au grain. Feu sa sœur Béatrice a laissé deux héritiers pour Milan, au cas où. Aussi tient-elle sous sa coupe, sous forme d'une hospitalité, royale mais ferme, les deux femmes qui ont chacune un fils de Ludovic. S'il leur traversait l'esprit d'en faire aussi des héritiers...

À Mantoue réside Atalante, l'ami de toujours. Ici, musicien de cour. Ainsi qu'un fervent admirateur de Vinci, le poète Baltassar Castiglione. Sorte de frère spirituel de Léonard, il le cite dans ses poèmes parmi les plus grands peintres du monde. La ville lui fait donc le meilleur accueil ; mais Isabelle d'Este, cette femme tyran, est effrayante d'autorité, une ogresse décidément. Trop directive pour Léonard, elle commande tout et à tous. Et tient ses artistes dans une semi-domesticité. Elle ne rêve que de provoquer l'admiration et tous les moyens lui sont bons. C'est une virtuose de la publicité. Il faut que chez elle et pour elle tout soit plus beau que partout ailleurs. Et, pour que sa joie soit complète, il faut que ça se sache. Donc Léonard la croque hâtivement et, pour s'en débarrasser, lui promet de transcrire le carton sur panneau et de le lui envoyer. Puis il file sans demander son reste. Il n'a déjà pas beaucoup d'attirance pour les femmes, celle-ci a tendance à lui donner raison.

Reste que son portrait, resté en l'état, inachevé, est l'un des rares cartons coloriés de Léonard qui nous soient parvenus intacts. On en parle comme d'un chef-d'œuvre : « Son dessin est la première grande réalisation de *sfumato*, la masse crépue de la chevelure épaissit les ombres autour du visage, de faibles reflets de lumière déterminent la pénombre et adoucissent les chairs, imprégnant de grâce le visage au léger sourire », écrit Venturi dans son *Histoire de l'art*[1].

VENISE 1500

Enfin, Venise !

Toujours encadré par Salaï, Pacioli, Boltraffio, le fidèle Zoroastre, ses plus beaux chevaux, et maintenant flanqué d'Atalante qui a profité de leur passage à Mantoue pour leur emboîter le pas, l'artiste qui pénètre dans la Sérénissime n'y est pas accueilli comme un roi. À Milan, il aura finalement été mieux traité que sa subjectivité ne le lui laissait croire.

Grâce à sa flotte aussi puissante que celle de tous les États méditerranéens réunis, Venise a toujours protégé son empire contre le Turc. Mais ces derniers temps, celui-ci se fait de plus en plus agressif. Contrairement à Florence, toujours en ébullition, jusqu'ici Venise ignorait les troubles politiques. Tout le pouvoir repose entre les mains de l'aristocratie qui n'a jamais recours au peuple pour régler ses démêlés. À condition de ne pas s'immiscer dans ses affaires, le peuple y jouit d'ailleurs d'une absolue liberté. Venise est, par excellence, la ville-refuge de tous les persécutés de la terre… Quant à sa richesse, elle éblouirait même un Florentin.

Après des années de paix et de domination absolue sur les mers, pour la première fois, Venise est menacée. Déchaînées, les troupes turques du sultan Bajazet II ont conquis les florissantes colonies vénitiennes de Morée, après avoir vaincu sa flotte. Si l'on s'y réjouit de la débâcle du More, l'on s'alarme de celle du doge de Venise vaincu par les Turcs à Lépante. Les nouvelles de Milan sont terrifiantes. Pour être resté fidèle au More, un ami architecte de Léonard y a été odieusement torturé et mis à mort par les Français. On annonce le retour de Ludovic qui va traiter de la même façon les collaborateurs des Français. Las, il est arrêté à Pavie et jeté en prison quelque part en Touraine. Les Français reprennent une nouvelle fois la Lombardie...

Léonard sait que les amis des vaincus ont toujours tort. Aussi ne s'inquiète-t-il que pour son « Grand Cheval ». Seize années de travail vont-elles ainsi partir en fumée ? Et lui voler sa gloire tant espérée...

Dire qu'il a fui la guerre en Lombardie pour la retrouver en Vénétie ! Pourtant il y demeure, les mirages de la beauté l'éblouissent. La ville est encore plus belle qu'on ne le lui avait dit. C'est la première fois qu'il croise les fantaisies byzantines et toutes ces splendeurs orientales. Les portes de l'Orient, vraiment... Si la cité lacustre ne le reçoit pas comme Salaï en rêvait, Léonard a pris soin, en revanche, de se munir d'élogieuses lettres de créances des autorités françaises qui l'affublent du titre de spécialiste de l'art et des fortifications militaires. Pacioli le présente donc aux autorités comme un ingénieur militaire. Agréé par la Sérénissime, et ravi d'être enfin pris pour un ingénieur, il est envoyé aussitôt sur les rives de l'Isonzo, avec mission d'inventer un système de défense intégrée. C'est-à-dire de trouver le meilleur moyen de protéger ce territoire dépourvu de défenses naturelles. Et d'avoir une idée si originale que les ingénieux Vénitiens ne l'auraient pas déjà eue !

INGÉNIEUR MILITAIRE

Voilà plus d'un an que le Turc mène des raids meurtriers sur la plaine du Pô, particulièrement exposée. Il faut trouver moyen de le contrer urgemment. Le système de défense qu'imagine Léonard, pour ingénieux qu'il soit, est potentiellement meurtrier. Il ne propose rien de moins que de noyer les terres qui entourent Venise en amont, grâce à un ensemble audacieux d'écluses mobiles sur les deux fleuves qui la cernent. De telle sorte que l'envahisseur, s'il se présente, soit le premier noyé. Certes, les riverains le seraient aussi, mais Venise serait sauvée ! Paradoxalement ce dangereux projet est adopté. Sur le papier. Début mars, le Sénat envisage d'envoyer sur place *condottieri* et ingénieurs afin de le mettre en œuvre. Mais subitement, au moment de passer à l'action, l'idée est abandonnée.

Léonard apprendra longtemps après que les Vénitiens l'ont pris pour un espion à la solde des

Turcs! N'a-t-il pas déjà trahi Ludovic, son ancien protecteur, au profit de l'envahisseur français? On le suspecte d'avoir peut-être vendu à Bajazet II les plans que Venise lui a commandés. On lui prête une traîtrise chevillée à l'âme.

Quant à ses pairs, ces magnifiques artistes qui éclosent à Venise comme hier à Florence, eux aussi se défient de lui. Tous craignent qu'il n'occupe sinon toute la place, du moins rapidement la première — il la mérite. À peine s'en rend-il compte durant les courtes semaines de son séjour. Tant de choses l'attirent, l'émerveillent, le sollicitent... Venise est réellement au faîte de la civilisation et de sa splendeur. Ici Léonard prend conscience de l'importance de ce nouveau moyen de transmission du savoir que sont l'imprimerie et ses dérivés, très développés à Venise. Aussi envisage-t-il d'y demeurer au moins le temps de publier certaines de ses œuvres. Déjà il profite de sa présence pour faire graver sur cuivre ses dessins imaginés à Milan quelque temps plus tôt. Inspirées du thème des entrelacs de la Sala delle Asse, ces fantaisies complexes de nœuds circulaires, appelées *groppi*, sont dites désormais « fantaisies de Vinci ». Au centre y figure l'inscription « *Academia Leonardi Vinci* ». Son académie ne représente aucun projet concret, plutôt un idéal, un souvenir de la Florence qu'il a aimée dans sa jeunesse, où régnait encore l'académie néoplatonicienne de Marsile Ficin. Son désir d'académie symbolise plutôt l'amitié intellectuelle qui le lie à Luca Pacioli et à ses proches collaborateurs.

Léonard apprend énormément à Venise. À commencer par la technique de l'eau-forte, *acquaforte,* sur plaques métalliques, alors au stade expérimental, et qui voit certainement le jour à cette époque. Seule la finesse du trait permise par l'eau-forte offre à Léonard la possibilité de reproduire ses dessins les plus complexes et donc de publier, peut-être un jour, ses œuvres scientifiques. Désormais, il ne rêve plus que de publier. Il a plus de vingt années de notes diverses, mais elles sont encore en désordre. Avide de lectures, il court des ateliers artistiques aux boutiques des libraires, des presses des graveurs aux ateliers des typographes, il fréquente les comptoirs du Rialto, alors le plus grand marché de livres d'Europe. Il n'a pas une seconde, cette ville fourmille de richesses et de nouveautés. Pourtant, c'est aussi là, entouré d'eau, qu'il crée le scaphandre, mais il refuse de diffuser son invention sous prétexte que « les hommes sont trop mauvais pour ne pas s'en servir mal[2] », c'est-à-dire pour en assassiner d'autres. Lui qui dessine des modèles de canons et toutes sortes d'instruments pour la guerre, voilà qu'il recule devant l'horreur de noyer des gens sans défense ! L'Italie est à l'âge des *condottieri*, ce qui représente une sorte d'âge de raison de la guerre. Les armées sont composées de mercenaires dont le métier est de se battre, mais rarement de mourir. On y tue assez peu. Avant l'invasion de Charles VIII, il était même interdit de tuer son adversaire ! La guerre n'est plus qu'un jeu de stratégie.

Il visite les ateliers de Bellini, où un petit Titien

d'une douzaine d'années promet déjà beaucoup, ceux de Palma le Vieux et de Giorgione qui lui est si proche que sa peinture conservera la marque de Léonard toute sa vie. Il est ébloui, bien que mal accueilli. S'il a jamais eu l'intention de s'installer à Venise, ou d'y ouvrir un atelier, maintenant il sait qu'il ne le doit pas. Il ne se sent pas de taille à affronter si rude concurrence dans un milieu si hostile qu'il ne comprend pas. La fraternité des ateliers toscans y est inconnue. Et, selon toute vraisemblance, les lois du marché à Venise ne sont pas celles de Milan où, malgré tout, il a toujours eu la possibilité d'en appeler à Ludovic, enfin au prince quel qu'il soit. L'univers artistique y est beaucoup plus libre donc beaucoup plus dur. Léonard ne peut rivaliser avec ces ateliers héréditaires et terriblement familiaux, qui n'offrent leur protection qu'aux seuls membres de leur sang. Et depuis qu'on le suspecte d'être un espion, il est impensable pour le Sénat comme pour le gouvernement de lui confier un emploi dans les domaines de l'ingénierie ou de l'art militaire… il n'a plus qu'à refaire ses malles.

Attristé et déçu de voir méprisées ses capacités d'ingénieur, prévoyant que celles de l'artiste ne seront pas davantage estimées, il quitte Venise. Toutes les œuvres qu'il n'a pas le loisir d'emporter vont y demeurer. Elles seront mises à profit, entre autres, par Dürer qui s'empressera de les imiter quand il passera par là aux alentours de 1505.

Venise n'était qu'une étape, un point d'observation privilégié, d'où contempler l'évolution de l'échiquier politique et militaire en Italie. La Sérénissime reçoit chaque jour des dépêches des quatre coins du monde et grouille d'agents secrets. Aussi est-il probable qu'en échange de l'hospitalité de Venise, Léonard ait été consulté par le conseil des Dix, peut-être au sujet de la situation militaire en Lombardie depuis la fin de 1499, ou sur les mouvements de l'armée française, ou encore sur l'état des forteresses, voire sur tout autre chose... C'est-à-dire qu'il se soit fait un peu espion pour le compte de... ? Tout le problème est là. Si on le prend souvent pour un espion, personne ne saurait jurer qu'il est à coup sûr dans tel ou tel camp. Dans ses *Carnets*, nulle trace. Ce qui ne signifie pas qu'il n'en ait pas été un. En tout cas, rien n'apparaît dans ses livres de comptes, jamais il n'a été rémunéré pour ce genre de tâche, ce qui n'empêche pas qu'il ait à l'occasion et, comment dire, ingénument, fourni des informations stratégiques.

Reste que, grâce à ses réseaux, Léonard sait, dès janvier 1501, que les événements se précipitent dans le duché milanais. Sa fuite de Milan était la bonne décision. Donc hors de question d'y retourner pour l'instant. S'il quitte Venise, c'est pour aller où... ? Rentrer chez lui ? Mais où est-il chez lui ?

OÙ ?

À Florence, où vit toujours son père.
Et ce père, veut-il seulement le revoir ? On a

retrouvé maints brouillons de lettres à ce père adressées mais personne ne peut dire si *ser* Piero les a jamais eues en main. L'artiste est trop conscient de l'hostilité que lui manifeste la nouvelle famille de son père, en la personne de Lucrezia, sa quatrième et dernière épouse, à la tête des douze enfants.

Ses relations sont loin d'être excellentes avec le gonfalonier Soderini qui administre désormais la cité. Par chance, Léonard s'est adjoint la précieuse collaboration du jeune Nicolas Machiavel. De ce dernier, secrétaire du gouverneur, Léonard devient instantanément l'ami. Et réciproquement. En dépit des années d'écart, ils se reconnaissent.

FLORENCE, 1501

Après vingt ans d'absence, Florence lui semble changée. Elle l'est. Radicalement. Les Médicis ont été chassés, Savonarole brûlé... Marquée par la montée en puissance de César Borgia, Florence, comme toutes les cités d'Italie, tremble du même climat d'inquiétude religieuse et politique. Partout, on est en pleine crise. Venise comprise. Léonard l'a bien vu. Ici, pourtant, la République fait mine d'avoir repris son cours.

Si Léonard a quitté Milan, puis Venise, pour échapper aux sauvageries de la guerre, à Florence, dans les ruines et la poussière inapaisées, règne souterrainement un climat d'identiques discordes civiles, et les âmes sont en proie à la haine et à la vengeance. Léonard se sent perdu au milieu de cette plèbe sournoise qu'anime un désir de laideur et de destruction. Botticelli, le seul ami de Léonard, a l'air d'un reclus, il est encore blessé et meurtri, il s'est réfugié dans les cercles de Dante qu'il dessine sans relâche jusqu'à l'abstraction, et dans son Académie des oisifs *, où il regarde les oliviers pousser, sans souci de peindre ni même de dessiner. Fini avant l'heure, ce peintre qui fut le plus célèbre de son temps dans toutes les cours d'Europe bascule dans l'anonymat. Terrible leçon pour Léonard.

À nouveau, Isabelle d'Este, la duchesse de Mantoue, revient à la charge, elle veut toujours le sauver, l'acheter. Elle aime les arts et les lettres et se fait un honneur de protéger les hommes distingués. Elle se féliciterait de conquérir la société de Léonard. Les écrivains et les poètes comme Pietro Bembo, Matteo Bandello, l'Arioste... ne lui adressent-ils pas moult hommages ? À l'heure des batailles qui bouleversent l'Italie, elle guette le moment favorable pour s'emparer de Léonard. Elle apprend par ses espions « qu'il mène une vie dispersée, dissolue, à tel point qu'il paraît ne subsister qu'au jour le jour ».

---

* Cinq années avant de mourir, Sandro Botticelli disparaît du devant de la scène. Il cesse de peindre, d'aucuns ont dit à la mort de son ami et élève Filippino Lippi, d'autres affirment que c'est après avoir vu *La Joconde* et décidé qu'il s'était trompé, qu'en peinture il avait tout raté. Sans trancher dans ce débat, signalons simplement qu'il passe ses dernières années à contempler la beauté des paysages toscans, avec d'autres « oisifs » comme lui. Et à faire l'exégèse des vers de Dante.

Effectivement, pendant ses premiers mois toscans, Léonard vit d'expédients. Par exemple, on lui demande d'analyser les raisons qui risquent de faire s'écrouler San Miniato, sa colline et son église, et de trouver un système pour éviter les éboulements.

Sur ses recommandations, on entreprend la réfection des égouts et des conduites d'eau autour de San Miniato. Opération réussie. D'autres commandes suivent, essentiellement des activités de conseil en architecture ou, comme on dirait aujourd'hui, en ingénierie. Il adore cette diversité de travaux, mais, en réalité, ce ne sont des choses ni très reluisantes ni très nourrissantes. Aussi est-il régulièrement obligé de prélever cinquante florins par cinquante florins d'or sur les six cents restants de ses économies placées à l'hôpital Santa Maria Nuova.

De sa vie entière, Léonard n'a jamais été vraiment libéré des soucis financiers, mais il n'a pas non plus su crier misère avec grâce. Sa dignité ne lui permet pas de laisser supposer qu'il manque de liquidités. Sauf une ou deux lettres à Ludovic quand guerre et ruine menaçaient et qu'acculé par la nécessité il n'avait plus de quoi nourrir les siens. Outre qu'il n'a jamais considéré l'argent que comme un moyen d'échange, il le méprise au point de noter : « Si tu prétends te faire un capital pour assurer ta vieillesse, ton effort ratera. Tu ne parviendras pas à la vieillesse, et ta vie sera pleine de songes et de vaines espérances [3]. »

Plusieurs biographes, jugeant Léonard trop oisif durant les premiers mois de l'année 1501, l'envoient en repérage à Rome. Malheureusement il n'existe nulle trace de ce prétendu voyage. Sinon l'amour immodeste de Léonard pour les ruines, qu'il nourrissait déjà jeune homme, à Florence, dans les jardins de San Marco.

Et cet amour pour le passé et ses vestiges, spécialement sous forme de ruines, voilà très précisément ce qui caractérise les premiers temps du *Rinascimento*, les balbutiements de ce qu'on appellera, un siècle et demi plus tard, la Renaissance. Avec cette impression d'énergie et d'enthousiasme qui s'en dégage.

SAINTE ANNE

En cette année 1500, les frères servites ont commandé à Filippino Lippi un tableau pour le maître-autel de l'église de l'Annunziata. Léonard ne peut cacher à cet ami retrouvé qu'il enrage de jalousie. Et le fils Lippi, célèbre pour son talent autant que pour sa gentillesse, qui depuis l'enfance aime infiniment Léonard et connaît ses chagrins, va convaincre les moines de reporter leur choix sur cet artiste-là — « le plus doué de leur génération ». Lippi en personne présente Léonard aux moines servites, qui, non contents de l'accueillir avec empressement, lui assurent tous les avantages qu'il réclame. Il n'y a sans doute qu'à Florence, et entre ces peintres-là, nés du même mouvement artistique du milieu du Quattrocento, qu'on rencontre pareille fraternité, pareil talent pour le partage.

Est-ce un hasard si l'Annunziata, siège de l'ordre des Servites, a pour procurateur *ser* Piero ? La manœuvre de Lippi n'a-t-elle si bien réussi que parce que le père de Léonard est intervenu en faveur de son fils ? Aucune trace d'intercession. Néanmoins quelques suspicions.

Les Servites ont fait réaliser le cadre d'un grand retable pour le centre de la tribune, visible côté église et côté chœur, où doivent être exécutés deux grands tableaux sur chaque face. Un ensemble imposant appelé à recevoir deux tableaux de dimensions considérables : 3,33 m sur 2,18 m. Outre six saints en pied, prévus pour les compartiments latéraux. C'est d'abord le dessin « de ce sublime autel en forme d'arc de triomphe » placé devant un « chœur en guise de théâtre[4] », ainsi que les décrivent les commanditaires, que doit exécuter Léonard.

A-t-il alors une pensée émue pour son ancienne *Vierge aux rochers* ? On y pense au vu de sa *Sainte Anne*, de sa fameuse, de son inoubliable *Sainte Anne** . Captivé par cette pluralité de mères, dans

---

* Outre un grand nombre de dessins préparatoires, on connaît deux *Sainte Anne*, celle que par commodité on dit « du Louvre » et celle « de Londres ». Elles sont assez semblables de loin, mais de près, excessivement différentes. Léonard nous force à jouer au jeu des différences. À tous les coups, on perd.

ses dessins préparatoires, il les représente l'une derrière l'autre, emmêlées. Une terrible confusion où l'on ne perçoit d'abord qu'un seul grand corps à deux têtes et d'où semblent s'échapper plusieurs membres. Sont-ce les souvenirs mêlés de Catarina et d'Albiera, la première épouse de son père qui l'a cajolé ses premières années, qui suscitent pareille confusion des générations... et confèrent à ce carton ce quelque chose de « magique » que décrivent tous les observateurs ?

Sa mémoire trompeuse réussit ce prodige. Et finalement, ce qu'un homme croit se rappeler de son enfance n'est jamais indifférent et peut l'influencer tout autant que la réalité. Sous ses faux souvenirs ne doit-on pas lire un témoignage de sa sensibilité et de sa façon de voir le monde ? Ces souvenirs inventés comptent au moins autant que les vrais.

S'il achève le carton assez vite, c'est parce que ce projet l'excite et non par souci de lucre, même si son besoin d'argent est réel. Il tient tant à ce sujet qu'il en réalise un grand nombre d'esquisses. Cette construction des corps enchevêtrés sous forme de pyramide le taraude depuis un temps fou. Il a beaucoup cherché à réussir ce type de représentation. Et là, visiblement, il y est arrivé.

Nous frappe aujourd'hui la différence étrange entre les deux cartons connus de cette fameuse *Sainte Anne*. Qu'a donc de si bizarre, voire d'inquiétant, le sourire de celle de Londres, avec son air presque faunesque, aux antipodes de celle du Louvre ? Elle a quelque chose d'angoissant, là où celle du Louvre a des vertus apaisantes. Est-ce d'avoir revu la *Sainte Anne* de Masaccio à la chapelle Brancacci qui l'a inspiré de la sorte?

La Vierge Marie assise, emboîtée pourrait-on dire, sur les genoux de sa mère est pourtant d'un genre assez traditionnel. C'est celui de trois corps étagés l'un devant l'autre. Là, comme Giotto, comme Angelico, Léonard a puisé aux sources mêmes du christianisme. En réalité, c'est plutôt sa hardiesse dans l'exécution qui éblouit et stupéfie chacun. Et l'audace d'inventer une nouvelle Trinité sans figure masculine autre que celle du Petit Jésus encadré par ses mère et grand-mère. Et de l'imposer pour toujours.

Dans cette pyramide, tout paraît calcul et volonté, depuis le voile d'Anne formant la pointe du triangle jusqu'à la queue de l'agneau, qui reste cependant d'un naturel parfait.

Depuis sa fameuse petite *Madone au chat*, son *Saint Jérôme* au lion, et sa *Dame à l'hermine*... Léonard ne rêve que de réitérer l'irruption de la vie animale dans ses panneaux afin de densifier celle des humains, surtout quand les humains sont des enfants, et ces enfants l'Enfant Jésus. Perché sur les genoux de sa mère, il n'a de cesse d'échapper à la vigilance maternelle pour jouer avec un agneau qui n'aspire qu'à sortir du cadre. Derrière eux, sainte Anne tout sourire, un sourire de la même famille de sourire que celui de sa fille affiche une bienveillance universelle.

Le carton est tellement saisissant que les moines

eux-mêmes proposent à l'artiste de le montrer aux Florentins. Comme ça, en l'état ? Exposer un carton ? Oui, dévoilé dans la salle du cloître de l'Annunziata. Tout Florence se presse pour admirer le dernier chef-d'œuvre de l'enfant prodige, revenu au pays après vingt ans d'absence. Deux jours de procession où toutes sortes de gens, hommes et femmes, riches et pauvres, jeunes et vieux, défilent comme aux grandes fêtes populaires en un soudain émerveillement collectif. L'ancien réfectoire des Servites est le dernier lieu où un Florentin se doit de paraître. Le succès est immense.

Ça y est, Léonard est de retour à Florence et Florence lui fait fête ! En dépit du passage meurtrier de Savonarole règne toujours ici ce même peuple libre, celui qui sut faire une ovation à la *Madone* de Cimabue. Nulle part ailleurs n'existe de race plus lucide, d'esprit plus subtil, de langue mieux acérée. Florence est toujours la capitale de l'art, de la beauté et de la critique. Mais plus pour longtemps. Ainsi le subodorent Léonard et quelques autres artistes assez sensibles pour devancer l'appel du départ. Et l'Histoire va vite leur donner raison.

AUTRE CHOSE. ENCORE AUTRE CHOSE…

Léonard oublie toujours ses promesses quand elles l'ennuient. Envers les Servites, il s'est engagé à finir son œuvre. Il se dégage. Il a toujours besoin de protecteurs susceptibles de lui donner, par leur puissance et leur richesse, les diverses ressources qu'exige la poursuite de ses études. Et surtout la paix et l'indépendance dont son esprit a besoin. Isabelle d'Este revient plusieurs fois à la charge pour son portrait, puis, de guerre lasse, le supplie de lui faire tenir n'importe quel Jésus, n'importe quelle madone pourvu qu'ils soient de sa main. Elle n'a pas essuyé de refus précis, mais une telle abondance de faux-fuyants, de promesses différées... D'ailleurs, elle n'aura jamais gain de cause.

On oublie souvent que Léonard est d'abord célèbre pour ses facéties et la diversité de ses fantaisies. Déroutant et capricieux, il est le premier artiste florentin chez qui l'activité ludique et farceuse occupe tant de place, il y consacre même plusieurs de ses *Carnets*. Son sens de l'humour étonne, détonne, et n'est pas souvent compris de ses commanditaires, ni franchement apprécié. Les siens l'aiment aussi pour cette constante ironie qui ne prend jamais rien au sérieux. Il fait toujours mine de s'en tirer par son esprit... Tant pis pour lui si d'aucuns en concluent que rien ne l'atteint. C'est chez lui une forme d'élégance d'affecter que rien ne l'affecte. Quand il se sent mal, il se cache, il remonte dans ses collines pour essayer de faire voler des humains, lui d'abord ou d'autres, comme Zoroastre, qui rêvent de se prêter à ses expérimentations. Toute sa vie, il a conçu des ailes, toutes sortes d'ailes, de machines à voler. En ce domaine non plus, l'échec ne l'a jamais découragé... Voler est resté son grand rêve inabouti. Et ce n'est pas faute de s'y être attelé, sinon d'avoir véritablement testé ses machines à voler. Certains affirment que ses expérimentations ont causé la mort de deux de ses assistants, d'autres qu'il n'a pas dépassé le stade de l'expérimentation avec un animal... Le doute persiste. Mais ce qui est sûr c'est qu'il y a beaucoup travaillé.

Son retour à Florence, s'il suscite la curiosité, et même par sursauts l'admiration, ne porte pas les fruits espérés. Certes Lippi lui a rétrocédé son retable, certes Léonard a connu quelques heures de gloire avec l'exposition du carton de sa *Sainte Anne*, les gens ont fait la queue pour l'admirer, mais la commande se fait rare et il risque de perdre tout son crédit s'il n'achève pas le tableau dans les temps.

Après pareil succès, Léonard aurait dû logiquement se remettre à l'ouvrage. Le terminer pour bénéficier au plus vite d'autres commandes... Eh bien non. Encore une fois, il abandonne l'œuvre commencée. Oh! Il laisse un grand nombre d'études, d'ébauches, de dessins, de cartons, certains déjà pas mal peints, mais un seul panneau sur bois, celui qui est au Louvre aujourd'hui. D'aucune façon, l'œuvre commandée. Qui ne sera donc jamais mise en place. Pendant deux ans, les moines patientent et attendent en vain la livraison de leur commande. Puis, perdant tout espoir — Léonard ayant quitté Florence pour suivre Borgia, nul ne sait quand il reviendra, ni s'il reviendra —, ils se tournent vers Filippino Lippi pour finir leur retable. Un nouveau contrat le laisse libre de son sujet. Il commence une Descente de Croix. Mais en 1504, subitement, très jeune, Filippino Lippi meurt. C'est finalement le Pérugin qui, en 1506, achèvera le travail.

Car grande nouveauté, désormais, la peinture dégoûte Léonard! Officiellement en tout cas, c'est ce qu'il fait savoir à qui l'importune, comme la duchesse de Mantoue qui continue de le harceler. « Les expériences mathématiques l'ont tellement éloigné de la peinture qu'il ne supporte plus le pinceau », lui rapportent ses espions.

Il exécute quand même une petite madone pour Florimond Robertet, un favori du roi de France. Il a l'intelligence de ménager ses alliances. Il s'agit de la fameuse *Madone au fuseau*, qui va servir de modèle, voire d'archétype, à tous ses admirateurs. Raphaël, à l'instar de Michel-Ange, passe à l'atelier de Léonard, la voit, et reste médusé. Chacun, à sa façon, recopie le thème de l'Enfant dans les bras de sa mère en train de filer la laine.

Les élèves de Léonard, et même Salaï, en exécutent au moins deux copies célèbres, du moins parvenues jusqu'au XXIe siècle, où est mise en œuvre la technique de coloration azurée préconisée par Léonard pour ses fonds montagneux. « L'air est peint comme il est perçu : bleu. » « Puisque l'air est vu bleu [5]... », note-t-il alors fréquemment.

L'ambiguïté de Léonard surprend de plus en plus. Son public est déconcerté autant par sa vie que par la multiplicité de ses activités. Sa vie est des plus décousues, capricieuse, vécue au jour le jour. On se plaint de sa désinvolture, de son impuissance à tenir ses commandes, à achever ses œuvres. On l'accuse de ne plus aimer l'art. De le délaisser pour des sciences... Et, à ce moment-là, en tout cas, ce n'est pas faux. Il rêve de machines. Il joue à les réaliser, les perfectionner. Personne ne saurait affirmer qu'elles ont jamais fonctionné. Mais bien qu'il se présente comme un rationaliste, en avance sur ses contemporains, bien qu'il place la technique sur un plan supérieur, il n'arrive pas à organiser son savoir selon une méthode rigoureuse. Par manque de règle théorique, ses observations scientifiques ne lui permettent pas de dépasser les conceptions traditionnelles du temps. Et bien des machines qu'il dessina et détailla à la mine d'argent préexistent à son époque, surgies du vaste mouvement d'innovation technologique qui caractérise l'Italie du Nord depuis le XIVe siècle. On peut poser la question aujourd'hui de savoir si Léonard ne s'est pas contenté de copier, ou, disons de citer le Siennois Francesco di Giorgio Martini qui, treize ans avant Léonard, écrivit un traité rempli de machines dont l'automobile et les fameuses turbines hydrauliques qui font encore s'extasier sur le génie de Léonard.

En 1490, ces deux savants se sont croisés à Pavie, discutant ensemble des moyens d'achever le Dôme.

Après les années sédentaires de Milan, et malgré ses besoins d'argent, Léonard a repris goût au voyage, sinon à une forme de nomadisme. Il a de nouveau la bougeotte. Envie d'aller voir ailleurs. De tout comprendre. D'appréhender le monde. Florence ne parvient pas à se l'attacher. On peut aussi reconnaître que ses efforts en ce sens sont des plus mesquins : la ville est incapable de lui passer une vraie grosse commande, telle *La Cène* à Milan.

Il fait savoir que le retour au mouvement ne lui déplairait donc pas, d'autant que le désir de peindre ne lui revient toujours pas. Sinon par intermittence. Et encore, ça dépend quoi, et pour qui. Le portrait de la dame de Mantoue reste figé sur son carton. Et le restera. Il reprend ses études sur le vol des oiseaux, les insectes, l'anatomie sous toutes ses formes. Qu'il n'a jamais vraiment abandonnées. Et comme il a retrouvé l'ami Luca Pacioli, installé à San Marco, derechef, leurs jeux mathématiques reprennent.

Mais bouger, bouger...

Le périple de Mantoue à Venise lui en a redonné le goût. « Faire au moins une fois le tour de la prison », dira plus tard Marguerite Yourcenar ; Léonard se contenterait du tour de l'Italie. C'est sans doute la même curiosité, le même désir, la même avidité qui les meut, lui et Pacioli.

Pour l'unique fois de sa vie, Léonard a manqué s'ennuyer. Par chance, son nouvel ami Nicolas Machiavel l'a compris, qui lui propose de partir

« au front », à la guerre, là où ça se passe, là où il pourra mettre son art militaire au service de la paix... Enfin !

S'il est certain que Léonard passe près d'une année, dix mois selon les dernières études, dans le sillage de César Borgia, en revanche, son statut y est des plus flous. Ambassadeur de Florence près du Valentinois, espion pour le compte de Machiavel ou de la Seigneurie ? Qui peut trancher ? Encore aujourd'hui pèsent certains soupçons sur le rôle d'« innocent » qu'on lui aurait fait jouer. Léonard n'a rien d'un ingénu. Sinon sa capacité à s'émerveiller. Mais pour aller mettre sa vie en danger dans l'intimité de ce trublion fou quoique génial et qui sème la panique dans toute l'Italie, il lui fallait sans doute de solides motivations. Ou la simple curiosité ? Avec lui tout est possible.

LÉONARD, INGÉNIEUR CHEZ CÉSAR BORGIA

Mai 1502. Après des négociations secrètes menées par Machiavel, Léonard entre au service de Borgia comme ingénieur militaire.

Léonard quitte Florence sans Salaï pour la première fois depuis qu'il l'a pris avec lui. Il note alors dans son carnet : « Quand tu seras seul, tu seras enfin tout à toi[6]... »

Subitement, chez Borgia, il devient un personnage considérable. Il réalise le rêve qui l'a hanté vingt ans plus tôt, quand il faisait ses fameuses offres de services à Ludovic le More. À cinquante ans, certes il a vieilli, mais il est encore capable sans gêne de passer des journées entières à cheval, son enthousiasme lui tient lieu de forme. Sa santé presque insolente ne l'a jamais trahi, il n'a même jamais été malade. L'âge a ciselé ses traits, creusé ses rides, dégarni son front, pâli ses yeux, blanchi ses cheveux, laissant peu de traces de leur belle couleur rousse. Le portrait de Londres attribué à Predis le montre tel que l'âge le transforme. Est frappante cette expression brûlante dans ses yeux qui reflètent en même temps une réelle sérénité intérieure. Il en est tout illuminé. Il y a dans son visage d'alors toute la sagesse, toute la bonté qu'on attribue généralement aux Initiés. Sauf que le feu qui le brûle n'a rien à voir avec la sagesse. Éberlué par le courage et l'art militaire de Borgia, non seulement il le suit, mais l'aide, le seconde, lui invente des solutions inédites et se réjouit de contribuer à ses conquêtes.

Léonard sait que « la pire erreur des hommes est dans leur opinion [7] ». Aussi n'a-t-il qu'un désir : saisir la cause du phénomène Borgia. Lequel confie à son nouvel ami, nouvel ingénieur, qu'un de ses rêves secrets est de faire triompher la justice, la vérité et la fraternité. Sans moralisme. Léonard le croit et se prend un peu pour Platon essayant de convertir le tyran Denys de Syracuse, ou pour Aristote usant de son influence sur Alexandre. Il rêve de peser sur les décisions de Borgia. Et pourquoi pas ? On peut se demander aujourd'hui si l'opinion

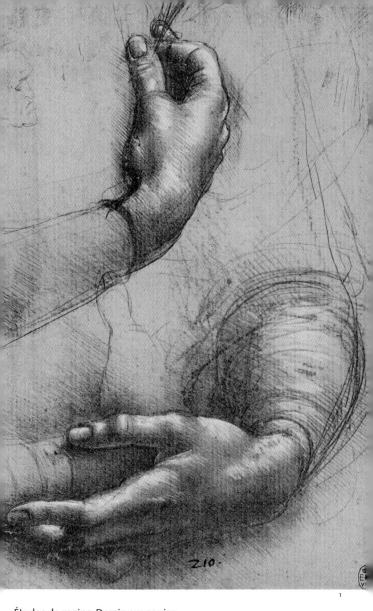

1 Études de mains. Dessin sur papier.
Windsor, bibliothèque Royale.

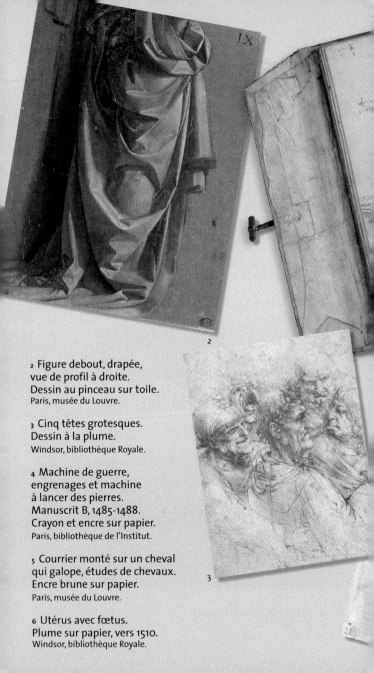

2

2 Figure debout, drapée,
vue de profil à droite.
Dessin au pinceau sur toile.
Paris, musée du Louvre.

3 Cinq têtes grotesques.
Dessin à la plume.
Windsor, bibliothèque Royale.

4 Machine de guerre,
engrenages et machine
à lancer des pierres.
Manuscrit B, 1485-1488.
Crayon et encre sur papier.
Paris, bibliothèque de l'Institut.

5 Courrier monté sur un cheval
qui galope, études de chevaux.
Encre brune sur papier.
Paris, musée du Louvre.

6 Utérus avec fœtus.
Plume sur papier, vers 1510.
Windsor, bibliothèque Royale.

3

4

5

6

*« La passion
intellectuelle
met en fuite
la sensualité. »*

7

9

7 *La Vierge, l'Enfant Jésus, saint Jean-Baptiste et un ange* dite *La Vierge aux rochers*. Peinture, 1483-1486.
Paris, musée du Louvre.

8 Tête de jeune fille dite *La Scapillata*. Terres et céruse sur bois, vers 1506-1508.
Parme, Galleria Nazionale.

9 *La Vierge, l'Enfant Jésus et sainte Anne* (détail). Huile sur bois après 1508.
Paris, musée du Louvre.

10 L'ange, détail de *La Vierge aux rochers*, seconde version. Huile sur bois, vers 150
Londres, National Gallery.

« *Ne point désirer l'impossible.* »

« *L'air, dès que*
point le jour,
est rempli
d'innombrables
images
auxquelles
l'œil sert
d'aimant. »

1 *L'Adoration des mages.*
En médaillon,
autoportrait présumé
de Léonard de Vinci.
Tempera et huile
sur bois, 1481-1482.
Florence, Offices.

2 Profil de jeune
homme et autres
études de têtes.
Dessin sur papier.
Paris, musée du Louvre.

3 Étude pour l'ange
de *L'Annonciation*
redessinée par un
élève. Dessin sur
papier, vers 1513.
Coll. part.

14 *Saint Jean-Baptiste*. Huile sur bois, après 1510.
Paris, musée du Louvre.

que les historiens nous ont ciselée de Borgia n'est pas légèrement usurpée. De ce Borgia-là, qui fascine Léonard, en tout cas. Quand on a pour devise « guerre aux châteaux, paix aux chaumières », est-on vraiment si mauvais que cela, surtout à cette époque du monde ?

César Borgia a vingt-sept ans quand Léonard le rejoint. Ses cheveux sont blond cendré, du type vénitien comme hier ceux de Léonard. De très forts yeux sombres, tendres et cruels, souvent commentés, des lèvres gloutonnes, un nez ferme aux larges narines. Le teint pâle accentué par un bouc blond vénitien, tirant sur le roux. Rien d'un Espagnol. Mais l'air inquiétant sous une douceur affichée.

Connu pour se lever à huit heures du soir, il travaille et se distrait, le plus souvent avec des femmes. Il dit de lui qu'il vit à cheval ou étendu sur un lit. Grandes manières, caractère exquis, beaucoup de gaieté, disent de lui ceux qui l'approchent. Ceux qui le craignent ajoutent : aucune gêne morale, pas l'ombre d'un préjugé, une intelligence supérieure et consciente de sa valeur. Bien décidé à s'affirmer et peu regardant sur le choix des moyens pour atteindre la gloire. On le dit aussi dénué de bonté.

Pour mieux comprendre sa fulgurante carrière, il faut se rappeler qu'il est le fils d'un pape mal élu, mais pape quand même. Et qu'il est mandaté par ce dernier pour récupérer les États pontificaux * que de petits seigneurs se sont indûment arrogés.

* Depuis le retour de la papauté d'Avignon à Rome, personne n'y est parvenu.

César ne mettra que trois ans pour rendre la propriété de ses domaines au pape, son père.

Sans parler là non plus d'espionnage, Léonard est chargé par César de lui procurer des renseignements qu'on peut juger confidentiels. Il fabrique une carte d'Arezzo, indiquant avec une précision très neuve les distances entre les villes et les places fortes, ainsi que tous les éléments stratégiques utiles pour un document destiné à des fins militaires, et adapté à la tactique dite de la « guerre éclair » que César Borgia et ses *condottieri* viennent d'inaugurer. En réalité, Léonard réalise là les premières cartes d'état-major détaillées connues à ce jour.

Partout en Italie, la tension monte, les batailles se succèdent, César les gagne toutes, c'est l'euphorie. Sans aller jusqu'à énumérer toutes ses victoires, disons seulement qu'en quelques mois et quasi d'un seul mouvement il s'empare de toute la Romagne et de quelques places fortes appartenant à Florence.

Passionné et par l'art de la guerre et par le guerrier qui la conduit, Léonard en oublie la peinture et ses humiliations florentines.

Par surprise, alors que Florence et les États italiens se concentrent sur la Valdichiana, Borgia s'empare d'Urbino dans la nuit du 23 juin 1502. Il a laissé Léonard à l'arrière pour faire des relevés stratégiques. En l'absence de Borgia, certains de ses hommes, trop zélés, empêchent Léonard de pénétrer dans la forteresse pour en dresser le plan. Sitôt qu'il l'apprend, Borgia est furieux, aussi, par retour de coursier, lui fait-il parvenir un sauf-conduit par lequel il le nomme « architecte ingénieur général, surintendant doté des pleins pouvoirs sur l'ensemble du système militaire actuel et à venir[8] »... Personne, pas même Ludovic le More, ne lui a jamais offert autant de responsabilités. Ni un titre aussi prestigieux. Léonard est enthousiaste. Et comblé.

Le 8 août, Léonard est à Rimini. Il visite le palais des Malatesta. Il est attiré par une fontaine qui lui inspire l'idée d'une musique aquatique : en réglant les jets d'eau à des hauteurs précises, on peut produire des sons différents. Ce procédé lui servira pour toutes les fêtes à venir. Deux jours plus tard, il est « à Cesena, à temps pour la foire de San Lorenzo[9] », précise-t-il dans ses *Carnets*.

Il est toujours présenté à la cour de César, peuplée de *condottieri* et de soudards, comme « notre très capable et très aimé parent, architecte et ingénieur général[10] ». Il est libre d'aller où il veut, de tout voir et de tout mesurer... Le prince ordonne qu'on lui fournisse toute l'aide nécessaire. Et que les autres ingénieurs confèrent avec lui et se plient à son avis.

Après une brève pause hivernale à Urbino, où il passe ses nuits à discuter avec César et avec Machiavel, qui les y a rejoints, il reprend son travail de planimétrie des villes conquises par César, à l'aide du goniomètre circulaire que Zoroastre a inventé et mis au point pour lui. Celui-ci lui a aussi fabriqué des lunettes de vue qui ne le quitteront plus, sans elles sa presbytie l'aurait empêché de continuer son art. Grâce à sa vue rectifiée, Léonard réalise le premier plan de ville moderne, aboutissement de sa conception humaniste de la ville. Il est enfin passé de l'utopie d'une cité idéale à l'étude concrète des agglomérations existantes dans la perspective d'un urbanisme qui tient compte de tous les facteurs et des relations de chaque ville avec son territoire. Il aura fourni aussi des plans plus précis qu'ils ne le furent jamais avant lui, et les premiers relevés topographiques de son temps.

César sait toujours se mettre du côté du peuple contre les nobles, il interdit à sa soldatesque de se livrer au pillage : pas de butin sur la misère. C'est assez étonnant pour avoir été relevé par les chroniqueurs du temps. Il fait même pendre publiquement deux de ses soldats qui n'ont pas respecté cet interdit. Impitoyable dans la vengeance, il est pourtant un homme de cœur. Le voilà reconnu comme tel par le *popolo minuto*, les gens de peu, le petit peuple. Populaire quoique conquérant !

Ces deux-là étaient faits pour se connaître sinon pour s'aimer. Se reconnaître, et se plaire mutuellement. César a l'impression d'avoir enfin croisé une intelligence de la même famille que la sienne, à son niveau. Quant à Léonard, il est fasciné par César et son art de la guerre... N'empêche... en moins d'un an, il a sillonné toutes les routes de l'Italie centrale sans en avoir tiré le moindre avantage ni pour son art, ni pour ses études, ni pour ses finances. Tout de même, il a son âge, et commence à le sentir.

Après la conquête de Senigallia, Machiavel, qui les a rejoints à nouveau, est rappelé à Florence. Fine mouche, la Seigneurie craint qu'il n'éprouve trop de sympathie pour l'homme César. La Seigneurie avait vu juste. Effectivement, il lui inspirera la figure du *Prince*.

Las ! En mars 1503, le vent tourne. Le pape donne les premiers signes du mal qui va l'emporter. Et il meurt, on imagine, empoisonné puisque c'est la mort la plus courante à Rome en ces années dites « années Borgia ».

Ce pape était avant tout le père et le protecteur de Lucrèce sa fille adorée *, et de César. Sans protecteur, César peut-il encore protéger quiconque ? Léonard en doute, Léonard prend peur. César file à Rome assister son père mourant et régler l'héritage. Léonard profite d'une escale à Sienne, où César n'est pas, pour bifurquer. À la hâte et en cachette. Il connaît sa Toscane par cœur et chevauche nuitamment en direction de Florence. Comme tout le monde, après avoir beaucoup admiré César, il se met à le craindre. Sa « fugue » a vraisemblablement lieu aux premiers jours de mars 1503. On suppose qu'il a rejoint César en mai 1502. C'est donc une fuite, pis, une désertion, après une petite année d'intense communion.

* Dont on a beaucoup dit qu'elle était aussi sa maîtresse et/ou celle de son frère César. Lequel a en outre la mauvaise réputation d'avoir fait assassiner tous les amants de sa sœur en plus de son mari, et même leur troisième frère, un autre fils du pape, sans doute le préféré !

En partant, un an auparavant, il avait laissé ses affaires dans son atelier florentin de l'Annunziata, livres, cartons, instruments, sa *Sainte Anne*... En rentrant, il a la certitude d'en être bientôt expulsé. Les moines servites n'ont pas l'intention de continuer à pourvoir à ses besoins en échange de rien. À peine rentré, épuisé et terriblement vieilli, il lui faut repartir. Mais pour où...

Il vit des heures de terrible incertitude. Du coup il note dans son carnet : « Six sous pour me faire dire la bonne aventure[11]. » Incroyable ! L'ingénieur militaire si rigoureux, le scientifique enfin reconnu par ses pairs, l'excellent lecteur d'Archimède et d'Euclide, oui, ce même Léonard, résolument hostile à toute superstition, ose dépenser six sous pour se faire prédire un avenir qui s'annonce des plus sombres. Faut-il que son désespoir soit abyssal...

À Milan, Léonard avait finalement pris l'habitude de vivre sur un plus grand pied qu'à Florence, mais il ne peut se le permettre, même s'il s'efforce de le maintenir, laissant à ses concitoyens une impression de légèreté et même de désinvolture. « À peu près sans fortune, ne travaillant qu'irrégulièrement, il eut toujours des serviteurs et des chevaux qu'il aimait beaucoup », le blâme Vasari dans ses *Vies des meilleurs peintres*. La Seigneurie n'est pas plus indulgente que les frères servites qui l'ont chassé. Elle le considère de plus en plus comme suspect, sinon comme traître.

Léonard a peur, plane sur lui la menace des représailles de Borgia. Après tout, Léonard l'a abandonné. Il sait comment César prend généralement toute désertion. Mal. Il sait comment il punit ceux qui l'abandonnent. Par la mort. Léonard doit tout faire pour qu'on l'oublie. Évidemment se faire oublier n'est pas propice à remplir son carnet de commandes. Il prélève donc à nouveau dans ses économies de Santa Maria Nuova pour nourrir les siens.

SALAÏ...

Parmi la petite troupe que Léonard n'a jamais cessé de faire vivre, on compte toujours Salaï. Peut-on encore parler d'un élève dans son cas? Leurs rapports sont des plus étranges. Passionnés, incertains, inégaux, hésitants, conflictuels et dérangeants pour le reste de la bande. Léonard se conduit à la fois en père complaisant, en homme qui désire conserver un semblant d'autorité, mais surtout en amoureux éconduit, donnant sans retour, satisfaisant les moindres caprices de son... enfant? giton? amant? À chaque incartade, aux querelles fréquentes, succèdent d'interminables sermons au cours desquels les autres élèves, pourtant innocents, en prennent pour leur grade. Ces brouilles sont immanquablement suivies d'une paix animée des meilleures intentions. Ou des pires. Pour le partage du pain, Léonard pratique la même injustice. Salaï vole, Léonard, qui le voit, ne lui dit rien. Pendant que tous les autres paient leur prix de pension et sont nourris sobrement comme le maître lui-même, Salaï le gourmand a toute licence de s'empiffrer.

Différentes listes de vivres de première nécessité alignées dans les *Carnets* permettent de reconstituer les menus de l'atelier. L'alimentation y est saine, loin des mets raffinés des cours de la Renaissance, plus conforme aux origines paysannes de Léonard : pain, beurre, soupe, ricotta, salades et herbes variées, fèves fraîches, petits pois, son, fruits et oranges douces. Du vin pour l'ivresse, de la viande et du cervelas pour ceux qui veulent se nourrir de cadavres ! Léonard est demeuré toute sa vie un végétarien impitoyable, Zoroastre aussi ; quant à Atalante, il picore comme un oiseau pour s'envoler aussi haut. Les autres mangent à leur convenance et le peuvent. Depuis Milan, Léonard a fait venir de Florence une cuisinière qui fait les courses et prépare les plats de base de la solide et rustique alimentation toscane. Les membres de l'atelier sont généralement jeunes, aussi Léonard tient-il compte de leur croissance et des appétits fous de la jeunesse. Ses listes font aussi souvent mention du passage d'un barbier. Toute sa vie, Léonard prend soin de lui, de son aspect comme de son habillement. À cinquante ans passés, il conserve le visage rasé de près, encadré d'une épaisse chevelure qui blanchit vite, rendant vaine la teinture blonde qu'il a jusqu'ici employée pour en rehausser la couleur. La fameuse longue barbe dont tous les portraits l'affublent viendra plus tard. « Une belle personne bien proportionnée, gracieuse et de bel aspect. Il portait un mantelet rosé qui lui arrivait jusqu'aux genoux, alors qu'à l'époque les vêtements se portaient longs. Il avait une belle chevelure bouclée et bien mise, qui lui tombait jusqu'au milieu de la poitrine », assure l'Anonyme Gaddiano *. Le si beau jeune homme qui faisait se retourner les Florentins, hommes, femmes, vieux ou jeunes, s'est changé en magnifique personne, épanouie dans son âge, et toujours aussi remarquable. Sans doute n'aurait-il pas aimé passer inaperçu. Du moins pas encore.

À Florence règne encore un peu son ami Botticelli. Léonard est heureux de le retrouver. Entre eux, la confrontation artistique est des plus stimulantes, fécondes, autant que l'amitié est forte. Botticelli comprend vite l'état de dénuement où est réduit Léonard, même s'il n'en laisse rien paraître. Plus riche, bénéficiant des meilleures commandes, définitivement mélancolique, il lui présente tous les Grands qu'il connaît. Léonard sympathise avec le meilleur d'entre les riches Florentins, le neveu de Laurent, son homonyme en langue toscane. Le Magnifique exigeait qu'on ne prononce son nom qu'en latin, Laurenti di Medicii. Son

---

* Cité par André Chastel dans son *Traité de peinture*. Contemporain et biographe, voire hagiographe superlatif de Léonard, l'Anonyme Gaddiano est le premier à avoir écrit sur Léonard. Au moins a-t-il le mérite de l'avoir connu, pratiqué et admiré, même s'il a enjolivé ses souvenirs.

neveu, Lorenzo di Pierfrancesco de Médicis, depuis la chute de la maison Médicis, se fait appeler le *popolano* *, l'homme du peuple. Passionné par les sciences et la géographie, ami et soutien inconditionnel d'Amerigo Vespucci, c'est lui qui a, en partie, financé ses premiers voyages. Lorenzo comprend Léonard sur-le-champ, et lui offre de quitter l'Annunziata pour le couvent de Santa Croce où il met à sa disposition l'immense bibliothèque de Cosme de Médicis et de Niccolo Niccoli. Histoire de le loger le temps de préparer à Léonard une plus vaste demeure où il pourra enfin rassembler toutes ses affaires et tous les siens, ses œuvres et ses bêtes...

Pendant cette période, Léonard découvre une nouvelle technique qui lui permet de projeter des ombres immenses au moyen de lampes à huile. Technique d'illusionniste certes, mais fondamentale pour poursuivre ses recherches sur l'ombre et la lumière. Cette technique s'appelle la *lucerna*. Et Léonard va en abuser.

QUOI FAIRE ?

À nouveau toscan, il fait le tour des ateliers du jour. Décidément, seul Botticelli trouve grâce à ses

---

* Pour faire oublier si possible la mauvaise réputation à cette époque-là accolée au nom des Médicis, dont les derniers se sont spécialement mal tenus, tentant même de vendre la cité à ses ennemis pour mieux se la réapproprier. Le petit peuple l'a su et n'a pas apprécié. Il a chassé violemment le dernier des Médicis régnant.

yeux, mais dans le secret de ses *Carnets*. Nul ici ne se permet jamais de méjuger ses pairs. Si, il y a pourtant une chose qu'il dénonce, et à quoi il recommande de faire davantage attention, c'est le récurrent mimétisme des portraits avec les traits de l'artiste. Il met en lumière la propension de tous les peintres à reproduire toujours le même type humain, le sien propre. Il met chacun en garde contre cette pente naturelle qui est, de son point de vue, « la conséquence des mécanismes intimes de l'âme : cette puissance qui détermine le jugement avant même qu'il soit notre jugement. S'étant accommodé du type physique où elle habite, cette âme tend à en perpétuer l'image. Il faut donc surveiller de près les mouvements de la subjectivité [12] ».

Léonard n'a toujours pas de travail. La Seigneurie s'en défie. On ne commande rien d'excitant pour son esprit inventif. Alors reprendre, achever ses anciennes commandes ? Il n'en a pas le cœur, même si son atelier y est contraint, il faut bien manger, mais il n'y met plus la main. Il rêve d'autre chose. Sa saison aux trousses du plus grand conquérant de l'époque lui a ouvert l'appétit. Il rêve d'autres paysages sinon d'autres mondes.

Comme chacun en Italie, il a appris que le nouveau sultan d'Orient, Bajazet II, voulait embellir son royaume. Aussi le 3 juillet dicte-t-il une lettre pour le sultan, qu'il confie à un frère franciscain, sorte d'agent génois auprès des Byzantins, qu'il fait traduire en turc pour le sultan. Les registres spécifient : « lettre écrite par un infidèle nommé Léonard, partie de Gênes et arrivée à Constantinople quatre mois plus tard». Léonard s'y adresse personnellement au sultan, se déclarant son « serviteur et esclave [13] », formules traditionnelles, probablement suggérées par l'agent génois (!). Il l'informe qu'il a préparé un projet de moulin à vent, un projet de pompe destinée à recueillir l'eau des cales des bateaux. Comme tous les artistes d'Italie, Léonard sait que le sultan rêve d'édifier un pont de Galata à la Corne d'Or. Aussi lui soumet-il son projet de pont sur le Bosphore, qui consiste en une seule travée longue de six cent soixante mètres, sous laquelle pourraient passer sans encombre des navires aux voiles déployées. Là encore, Léonard fait de la surenchère. Au lieu de s'en tenir au simple pont vers la Corne d'Or envisagé par le sultan, il propose son exubérante vision d'un pont qui relierait l'Orient à l'Occident. Rien de moins !

Trop audacieux. Trop insolite et, en même temps, trop élaboré pour être proposé par un ennemi. Si l'on en cherche encore, voilà bien une preuve qu'il est un espion ! Le sultan pense avoir affaire à un aventurier en quête d'exotisme ou de gains faciles. Pourtant, un de ses manuscrits montre que Léonard a bel et bien avancé dans ses calculs. Il espérait une réponse positive, et y croyait assez pour apprendre des rudiments de langue turque. Il est loin d'être le seul à nourrir des rêves d'Orient, Michel-Ange sollicite lui aussi le sultan. En vain. Si ce dernier engage quelques techniciens d'Italie, jamais il ne fera appel à de grands noms.

Son séjour prolongé près de Borgia, l'écho de ses prouesses accomplies pour gagner des batailles, l'invention du pont mobile entre autres, les termes flatteurs dont l'honore Machiavel — ce dernier est désormais second à la Seigneurie — ont un peu rehaussé son crédit à Florence. Grâce à la considération et aux éloges de César, on prend ses talents d'ingénieur au sérieux. Enfin, la cité se décide à utiliser ses capacités d'imagination pour se défendre contre Pise. Machiavel convainc Soderini de l'envoyer étudier comment rendre l'Arno navigable de Florence à Pise. Léonard envisage tout de suite un canal de Vico à Livourne, lequel sera exécuté un siècle plus tard exactement sur ses plans. Ce que son contrat n'explicite pas, c'est le but secret de ce projet : couper Pise de tout contact extérieur. Trouver un moyen de dévier l'Arno, par des excavations gigantesques et la création d'un canal, dans le but d'isoler Pise qui fait régulièrement sécession contre Florence ! Par cette dérivation, Léonard résout d'un coup deux problèmes : il régule les crues intempestives de l'Arno et offre à Florence un accès direct à la mer en désengorgeant par cette voie navigable les routes commerciales terrestres toujours dangereuses. Modeste bénéfice secondaire, mais vrai but caché de toute l'aventure, il prive Pise, l'ennemi héréditaire, de tout accès à la mer. Ses conclusions sont époustouflantes. Son projet est approuvé. En partie. Le chantier commence. Léonard, ravi, s'en va superviser les travaux qu'il préconise. Deux mille manœuvres sont employés à l'excavation, tout se passe pour le mieux.

Avant de faire creuser son canal, et d'entamer cet immense ouvrage, il invente les outils nécessaires à sa réalisation. Nouvelles pioches, nouvelles bêches, bien plus ergonomiques que celles existantes, procédés inédits pour dresser des palissades, les calfater... Fidèle à son style grandiose et visionnaire, il invente sans compter, y compris pour réparer ses menues erreurs de calculs. Jusqu'à ce qu'on découvre une très grosse erreur d'appréciation commise lors du nivellement, dont Léonard est plus ou moins responsable... Une erreur, pour lui ça n'est jamais grave. Tout est toujours réparable. Enjeu et jeu de découverte pour trouver comment remédier à tout et à n'importe quoi. Un problème de machine ? On en invente une nouvelle ! On peut toujours tout recommencer. Sur le papier.

Mais fatalement, en haut lieu, tant de légèreté et de désinvolture, ça énerve. C'est avec de l'argent public que Léonard corrige ses erreurs. On calcule alors que si ce projet était mené à son terme, il serait un véritable gouffre financier. Et, comme d'habitude, ça n'est pas le moment, les caisses sont vides. La démesure de Léonard terrifie une fois encore. Et, comme toujours, quand la nouveauté fait peur, c'est l'inventeur qui paraît suspect. Soderini, le gonfalonier qui le paye, commence à regimber. Il a beau rêver d'imiter Cosme de Médicis et, dans une moindre mesure, Laurent, il déteste dépenser sans raison. Ce même Cosme, qui disait en substance, à propos des fugues et des frasques de Filippo Lippi : « Laissez-lui la porte ouverte, les hommes de talent sont des êtres divins, non des mulets. On ne doit ni les enfermer ni les obliger à travailler. » Léonard n'a pas encore rencontré son Cosme, il a plus de cinquante ans... et il est fatigué. Il doit encore tirer de l'argent sur ses économies pour nourrir les siens. Cinquante florins, plus cinquante florins... il n'en aura bientôt plus.

À son âge, Léonard pensait bien avoir connu toutes les luttes, toutes les difficultés, toutes les déceptions dont est tissée une existence, toutes les angoisses de l'artiste et toutes les amertumes des ouvriers de l'intelligence. Il n'est pourtant pas au bout de ses peines. Méprisant la richesse, il demande juste qu'on lui fasse confiance, qu'on lui accorde du temps, et les moyens de vivre et de chercher...

L'opinion publique, qui le tient en haute estime, s'étonne qu'on ne lui confie toujours pas de grands travaux. Elle pousse Florence à l'employer plus et mieux. En réalité, c'est Machiavel qui intrigue en sous-main dans ce but. Et puisqu'on ne veut pas de ses projets pharaoniques, même pour mettre un terme à la guerre que Léonard a pourtant vue de près, il va mener sa guerre en peinture.

Florence ne peut pas bouder éternellement le plus grand génie de son temps, plaide Machiavel. Si on le récuse comme ingénieur, prétextant sa folie des grandeurs ou cette suspicion d'espionnage qui le poursuit, personne n'a rien à reprocher au peintre. Personne ne peut s'opposer à ce que sa ville d'origine rivalise avec Milan, elle qui fonde une partie de sa renommée sur la fameuse *Cène* de Léonard, et s'offre une œuvre du Vinci de la même envergure. Florence ne possède rien de Léonard, il est temps de réparer cet oubli.

Voilà ce qu'écrit Adolfo Venturi de cette extraordinaire *Bataille d'Anghiari* exécutée pour la salle du Conseil du palais de la Seigneurie qu'on ne verra plus jamais :

Léonard voulait se servir des forces déchaînées pour montrer la haine et la lutte dans une mêlée d'hommes dominée par la mêlée des éléments. Un dessin représente une foule effrayante d'hommes, formes minuscules qui se confondent presque comme l'écume dans la vague ; au centre un groupe de chevaux est projeté violemment comme par l'éclatement d'une mine sous la poussée d'une éruption imprévue. Hommes et chevaux sont convulsés, tordus, enroulés comme des serpents, bousculés par la fureur rageuse des éléments en une mêlée frénétique...

À ces études d'ouragans font suite d'autres études de chevaux au galop, cabrés, sautant, prenant le mors, ou d'un jeune homme sautant à la volée sur un destrier qui s'élance, un cavalier pris dans un tourbillon de poussière soulevée par le vent de la course [14]...

Revenons aux faits. Le contrat, signé le 4 mai 1504, en présence de Machiavel, accorde à Léonard une avance de trente-cinq florins à déduire sur le solde. Chaque mois il recevra quinze florins d'or pour son carton, avec en clause supplémentaire l'obligation d'achever l'œuvre avant fin février 1505. Si, à cette date, l'artiste a déjà commencé de reporter certaines parties sur le mur, le contrat sera reconduit. Et on lui remboursera ses dépenses...

Jamais Léonard n'a été honoré d'une commande si avantageuse. Le 18 octobre, il peut à nouveau s'inscrire à la corporation des peintres florentins. Preuve qu'il a l'intention de se fixer à Florence! Machiavel a gagné.

Léonard demande à être logé sur place. Aussitôt on entame les travaux afin qu'il s'y installe avec les siens. Le 24 octobre, on lui remet les clefs de la salle du Pape du couvent Santa Maria Novella et des locaux attenants. Outre un nouvel atelier et quelques pièces à vivre, Léonard récupère un vaste espace pour préparer tranquillement ses cartons. Un *studiolo* à usage privé.

S'ouvre là une longue période de composition dont témoignent une foule de documents, des bons attestant des paiements effectués à l'ordre de ses collaborateurs et de ses fournisseurs, ainsi qu'un grand nombre de dessins préparatoires. Mais quand ses cartons sont achevés, bien malgré lui, il ne peut commencer à peindre. La salle du Pape est en trop mauvais état, toit et fenêtres sont inutilisables... il y pleut. Le 16 décembre, la Seigneurie décide de faire réparer le toit afin que Léonard puisse y travailler. Tout prend énormément de temps. Donc déjà du retard qui, pour une fois, n'est pas dû à Léonard. Il ne reçoit le bois et les cordes nécessaires à la réfection des fenêtres et des portes que le 28 février, ainsi qu'un grand échafaudage mobile, conçu par ses soins, afin de lui permettre d'attaquer son mur.

À la décharge de Léonard, rappelons les dimensions de la fresque de *La Bataille d'Anghiari*. La surface à peindre couvre 18,80 m sur 8.

Le maçon préposé aux réparations du toit ouvre un passage dans le mur entre la salle du Pape et le vaste espace mitoyen que Léonard installe pour son usage privé. Il peut ainsi aller et venir librement.

Pour se documenter sur cette bataille, Léonard écoute Machiavel lui « inventer » de toutes pièces une belle légende. Ou, plutôt, un récit terriblement sanglant où, au plus fort du combat, paraît saint Pierre en personne ! La vérité historique est assez éloignée des épopées de Machiavel. À Anghiari, il n'y eut qu'un mort, et encore, un cavalier tombé de cheval. Mais l'ensemble aurait manqué de grandeur. D'autant que ce sont ses idées sur la guerre que Léonard veut confier à cette fresque. Ses études dans ses *Carnets* en témoignent.

Il s'attelle au carton et brosse le portrait de l'animal humain en proie à sa plus féroce passion, le meurtre, qu'il exhibe sous ses aspects les plus atroces. Il montre aussi toute l'humanité rencontrée dans une tête de cheval, dans un regard d'animal surpris par la mort. Outre sa science du raccourci, des corps à terre empilés, son choix se porte sur des détails typiques, ce qui confère une grande liberté d'allure à ses personnages… Entre dans sa composition une savante grandeur. Ça épate, ça stupéfie, on ne peut qu'admirer. Ses contemporains voient-ils la terrible accusation que Léonard porte contre la guerre ? Quelle importance, après tout... Son audace est couronnée de succès. Il a toujours autant le goût du risque, dans ses œuvres comme dans sa vie. Maître de son art, il traite sa bataille avec aisance, fougue et ardeur.

Ses cartons, nombreux, pour rassembler pareille composition si tourmentée, représentent différents groupes d'hommes et de chevaux entremêlés. Au centre, deux hommes à cheval en attaquent deux autres dans un saisissant entrelacs de corps torturés. Gisent par en dessous d'autres hommes, aux traits défigurés. Déjà tombés, déjà morts. La contorsion de ces corps dénudés produit un choc. Léonard a l'habitude de peindre dans un premier temps ses personnages entièrement nus, et de ne poser sur eux leurs vêtements qu'à la fin du travail afin d'obtenir un tombé mieux ajusté. Sur un autre carton, un fleuve où, sur un pont, d'autres combats font rage. Un groupe de cavaliers illustre la maîtrise acquise à Milan par son intimité à traiter les chevaux : cabrés, au galop, à terre, en pleine chute, mordant et bataillant comme des hommes. La leçon du « Grand Cheval » a porté ses fruits et lui permet un rendu très réaliste. Hommes et bêtes expriment par de terrifiantes déformations toute la férocité du monde. C'est atroce et sublime à la fois.

À l'instar de sa *Sainte Anne* à l'Annunziata, ce carton suscite un véritable engouement. Et comme pour la *Sainte Anne*, on propose à Léonard d'ouvrir les portes de la salle du Pape à qui désire voir le carton de sa *Bataille*. Amis, rivaux... Florentins... Les artistes ne s'y trompent pas, qui s'y précipitent, c'est d'ailleurs grâce à eux qu'on sait quelque chose de cette fameuse *Bataille d'Anghiari*. Raphaël, Andrea del Sarto, il Sodoma, pseudonyme du peintre Giovanni Bazzi, Lorenzo di Credi, tous ont reproduit leur vision de la bataille, même Rubens, plus tard, fera une copie du groupe central... Qui n'a pas copié la *Bataille* avant sa disparition, son éradication sous les coups de pinceau jaloux de... Vasari !

Même l'ombrageux Michel-Ange s'y livre, en cachette et par fragments... Il se resservira souvent dans ses compositions du cheval cabré, et d'un autre au galop.

Si on lui passe peu commande, en revanche tout le monde le connaît, et chacun a un avis sur Léonard. Sa célébrité est réelle même si elle ne lui rapporte rien. Or, plus que de reconnaissance à cette heure, c'est d'argent qu'il a besoin. Donc besoin d'achever au plus vite, d'en finir avec ce qui l'angoisse le plus dans la peinture *a fresco*, l'obligation de travailler « sans repentir * » sur une aussi grande surface !

Il fait installer de quoi reproduire ses cartons sur le mur. Avant de s'y attaquer, il pose une nouvelle couche de stuc afin de rendre son mur parfaitement net et lisse. Il a décidé d'user d'une technique révolutionnaire — il a fait des essais sur des pans de

* Peindre à fresque, c'est appliquer directement ses couleurs sur un enduit frais sans reprise ni rattrapage ultérieurs possibles. La rapidité de séchage permet juste d'enduire la partie du mur à peindre dans la journée ; d'où cet autre nom de *giornate* : peinture à la journée. Dans de bonnes conditions atmosphériques, les fresques se conservent spécialement bien en comparaison des peintures dite *a secco* : sur enduit sec.

murs et des petits panneaux, et ça marche. Il refuse de peindre à fresque, c'est-à-dire d'appliquer directement ses pigments sur du mortier frais. Il va donc ressusciter une technique « à l'encaustique » préconisée par Pline l'Ancien. Il n'a pas trouvé plus moderne ! Ce procédé s'inspire de la détrempe à sec. Léonard n'oublie pas qu'à Milan sa *Cène* a subi les avanies de la détrempe à l'huile. Il ne veut plus courir ce risque. Il désire s'inscrire sur ce mur pour l'éternité. Pour une œuvre aux si considérables proportions et un tel défi, n'eût-il pas mieux valu avoir recours à la technique du « coloriage » ? Botticelli en personne, entrevoyant le désastre à venir, tente de le ramener à plus de simplicité. Léonard s'entête. Et c'est avec la joie sauvage des grands inventeurs qu'il se prépare à attaquer son mur.

Il se prépare avec ferveur jusqu'à ce fameux jour considéré par lui comme celui de *la catastrophe*, et qu'il évoque en des termes on ne peut plus précis dans ses *Carnets* : « Le vendredi 6 juin, quand treize heures sonnèrent au clocher, je commençai la peinture au palais. Mais au moment de donner le premier coup de pinceau, le temps se gâta et le tocsin sonna pour appeler les gens à se rassembler. Le carton se déchira, et la cruche d'eau qu'on apportait se brisa, l'eau se renversa, et le carton fut trempé. Le temps s'étant brusquement gâté, il plut à verse jusqu'au soir, et l'on eût dit qu'il faisait déjà nuit, tant il faisait sombre. Le carton se "détacha" [15]... » Léonard dut le remettre en place, voire même le reconstruire. Mais il continue, s'entête, se fait livrer d'autres mélanges, d'autres huiles, d'autres enduits, d'autres cires... Parce que les premiers résultats sont terriblement décevants, il lui faut rejeter toute idée de fatalité, et tenter autre chose, ne pas reculer devant un tel défi, épater, réussir, vaincre l'adversité...

Qu'en dit Vasari ? « Léonard fut celui qui, abandonnant la technique de la détrempe passa à l'huile qu'il avait l'habitude d'affiner au moyen d'alambics. C'est en raison de ce procédé que presque toutes ses fresques se sont détachées de leur mur, la *Bataille*, *La Cène*... abîmées à cause de l'enduit qu'il utilisa. Pourtant, il ne lésine pas sur les produits, "six cents livres de plâtre, quatre-vingt-dix litres de colophane. Onze livres d'huile de lin"... » Il renouvelle l'huile car il la juge de piètre qualité, fautive même des premières coulures. On sait aujourd'hui que c'est l'enduit préconisé par Pline le premier coupable de sa destruction [16].

LA BATAILLE AVEC MICHEL-ANGE

Le drame c'est qu'entre-temps Léonard n'est plus seul à peindre sur le mur de la salle du Conseil.

En 1505, Michel-Ange, qui vient d'obtenir, dans la même salle, et pour le mur d'en face, la commande de *La Bataille de Cascina*, se met aussitôt au travail, avec le zèle d'un tueur. Il déteste Léonard qui représente l'exact contraire de ce qu'il est.

Avare quand Léonard est dispendieux, introverti là où Léonard en rajoute dans une joie parfois forcée mais souvent sincère, entouré de jeunes et beaux garçons, alors que Michel-Ange, d'une laideur légendaire, dit de lui-même qu'il est « seul comme un bourreau ».

En peinture, il se veut meilleur que Léonard, ce grand spécialiste de l'inachèvement, mais meurt de jalousie devant son travail. Alors, bien sûr, en débarquant avec un an de retard sur lui dans la salle du Conseil, il « met les bouchées doubles » pour supplanter son rival, et, si possible, lui faire rendre gorge, au moins en peinture. D'autant que, sculpteur avant tout, le primat de la peinture est inacceptable pour Michel-Ange.

L'INSTALLATION DU *DAVID* DE MICHEL-ANGE

Pendant que ces deux batailles se livrent sur les murs en vis-à-vis, en 1504, la Seigneurie convoque tout ce que Florence compte d'artistes importants pour choisir le meilleur emplacement au *David* de Michel-Ange. Bien sûr, Léonard en est, et Lippi, et Botticelli, et toute la bande des génies toscans ou de passage en Toscane à ce moment-là... Assez sagement, Léonard se range à l'avis de la majorité qui plaide pour qu'on installe ce bloc de marbre éblouissant sous la Loggia des Lanzi, histoire de le conserver à l'abri des intempéries. Le sculpteur ne rêve, lui, que d'occuper le centre de la place et d'y remplacer la *Judith* de Donatello ! Il ne se soucie pas de protéger la blancheur de son marbre. Paradoxalement, c'est au seul Léonard qu'il reproche de vouloir dissimuler son *David* sous la Loggia, par pure jalousie. Il en convainc Soderini, ce lui est aisé, celui-ci est toujours de son avis tant Michel-Ange le fascine et ses colères le terrorisent. Ses partisans se réjouissent bruyamment, estimant avoir gagné contre Léonard, lequel se contentait pourtant d'accorder sa voix à celle du plus grand nombre... Insulté publiquement par un Michel-Ange des plus hargneux, Léonard se contente de noter dans son carnet : « La patience contre les injures joue le même rôle que les vêtements contre le froid : à mesure que le froid augmente, tu dois te couvrir de vêtements plus nombreux[17]. » Sa manière à lui — aujourd'hui on dirait non violente — de résister à la méchanceté acharnée de Michel-Ange.

DEUX ANS PLUS TARD

Chacun est retourné à sa *Bataille*. Justement, où en est celle de Léonard après deux années de travail assidu, dont la dernière aux côtés d'un Michel-Ange toujours à ses basques, l'obligeant à des horaires qui ne lui conviennent pas, se plaignant sans cesse des odeurs qui empuantissent la grande salle... Il est vrai qu'au point où il en est Léonard ne recule devant aucune mixture pour faire « prendre » sa peinture sur son mur, du moins essayer, pendant que Michel-Ange tâche de lui brûler la politesse en achevant son travail avant qu'il n'ait terminé le sien...

Le moins qu'on puisse dire, c'est que les résultats ne sont pas à la hauteur de ses espérances. Ni d'ailleurs de celles suscitées par le carton...

Et, plus grave encore, Léonard lui-même se trouve indigne de son propre jugement. Il l'écrit clairement dans son carnet :

Le pire de ce qui puisse m'arriver, c'est de n'être pas à la hauteur de mon propre jugement, de me décevoir moi-même... Quand l'œuvre du peintre est au niveau de son jugement, c'est mauvais signe pour ce jugement. Quand l'œuvre surpasse le jugement, c'est pire, comme il arrive quand quelqu'un s'étonne d'avoir si bien fait. Et quand le jugement surpasse l'œuvre, ceci est un signe parfait, et si l'auteur est jeune, avec une telle disposition d'esprit, il deviendra certainement un maître excellent. Il produira cependant peu d'ouvrages mais qui seront de qualité, et les gens s'arrêteront pour en considérer avec stupeur les perfections[18]...

Toutes ses expérimentations avec les mixtures les plus étranges ont achevé de ruiner sa fresque. Et ses tentatives de réparations en sont peut-être les pires outrages. Il ne s'est pas contenté de mélanges plus qu'hasardeux : afin de sécher ses huiles souvent gâtées, il a placé des braseros à même le sol sous sa fresque. D'où les fameuses odeurs dont Michel-Ange se plaint somme toute légitimement. Son enduit si patiemment obtenu à la manière de

Pline dégouline des murs comme du maquillage sous la pluie ou un masque de cire fondant au soleil...

Il a commencé à peindre avant l'été, pendant la canicule qui s'abat régulièrement sur Florence. Le séchage y est beaucoup plus rapide qu'en hiver. Surtout dans un si grand espace. Léonard a convaincu son commanditaire que son retard n'était dû qu'à des avaries techniques, aussi ce dernier met-il tout en œuvre pour sauver ce qu'il a reconnu sur carton pour un chef-d'œuvre d'une incroyable nouveauté. Faisant exécuter un cadre de bois pour enserrer la fresque, acceptant de livrer de nouveaux enduits... de nouvelles cires... Las, il n'y a déjà plus rien à faire... La *Bataille* semble perdue...

Dès qu'il constate l'étendue du gâchis, son aspect irrémédiable, exactement comme pour *La Cène*, Léonard se détache de la *Bataille*, prend ses distances, et retourne à ses chères études, avec et sans Pacioli, avec et sans Zoroastre. Il s'éloigne de sa fresque et de Michel-Ange.

Pour se faire une idée de la qualité incroyable de cette *Bataille*, celle de Rubens est sans doute la plus fidèle, et la plus talentueuse.

Pendant que la fresque sèche, ou plutôt ne sèche plus, Léonard repart inventer le vol humain, à Fiesole de mars à avril. Léonard est trop sagace pour ne pas deviner l'hostilité de Soderini. L'eût-il oubliée, Salaï, qui court toujours les bas-fonds, est là pour la lui rappeler et lui rapporter les ragots du jour, ce qu'on colporte sur son compte, ici et là.

Léonard revient à Florence une dernière fois, en avril 1505, quand Michel-Ange, à son tour, déserte la ville. À nouveau, il engage des aides, parmi eux son fameux Zoroastre, peintre, forgeron et mystificateur, qui ces temps-ci se fait appeler mage. Il a à peine changé depuis l'affaire Saltarelli, toujours grand, bien bâti, le teint olivâtre. Des traits énergiques, le regard aigu, il porte une longue barbe noire, et voue toujours à Léonard une indéfectible fidélité. Sitôt arrivé, Zoroastre comprend que quelque chose résiste dans cette *Bataille*.

L'heure n'est plus à la tolérance des caprices d'artistes. La période est politiquement délicate. Le retour des Médicis ne fait pas que des heureux. Après le printemps 1505, Michel-Ange s'est enfui pour Rome. Lui non plus n'achève pas son œuvre et, compte tenu de ses liens d'amitié avec les Médicis, le voilà à nouveau mal en cour. Faute de s'en prendre directement à l'absent, les émeutiers détruisent ses cartons.

Florence n'offre plus le spectacle d'une capitale de la culture, elle n'est plus le centre de la vie politique. Rome lui a volé son prestige, et le nouveau pape offre un mécénat princier que Florence n'a jamais connu. Ces circonstances font rapidement tourner court le renouveau toscan autour des années 1500-1505.

Cette substitution de Florence par Rome est sans doute la péripétie essentielle de la Renaissance italienne.

Quant à la *Bataille*, Vasari est le dernier à l'avoir vue, et pour cause ! C'est lui, le premier biographe de Léonard, qui va la recouvrir sans vergogne de son petit talent de fresquiste. Il couvre le peu qui a tenu de Léonard sous un enduit blanc, sur lequel il étale sa propre fresque. Sur les ratés du plus grand d'entre tous les artistes florentins !

Avant de disparaître corps et biens, les cartons de Michel-Ange et de Léonard sont exposés afin que tout Florence puisse les admirer. Et constater ce que perd la ville. On appellera ces deux œuvres : « l'école du monde ».

Le plus grand projet conçu par Machiavel pour illustrer l'art de son époque par les meilleurs artistes de ladite, et témoigner de la grande geste de la République toscane, disparaît ainsi définitivement. *La Bataille d'Anghiari* sera recopiée par suffisamment d'artistes de toute provenance pour continuer de faire rêver des siècles durant. Mais Léonard l'a depuis longtemps désertée. Comme Michel-Ange, sa *Bataille de Cascina*.

À la décharge de Léonard, deux événements majeurs viennent de bouleverser sa vie. Le premier, merveilleux : pendant sa *Bataille*, au milieu de l'année 1503, on lui commande *La Joconde* ; immédiatement, quelque chose de profond se passe, tant dans le domaine de la peinture que dans l'amitié qu'il va partager avec son modèle.

Le second événement est plus dramatique : Léonard doit faire face à la mort de son père.

LA MORT DU PÈRE

Pendant la *Bataille*, donc, le père de Léonard meurt. Dans ses *Carnets*, comme chaque fois qu'il est perturbé, il note le plus froidement possible, avec un détachement voulu, ce qui lui arrive, du moins quand ce qui survient lui semble notable. Or, comme chaque fois qu'il est ému, il se met subitement à répéter la même information anodine. Ici, Léonard se trompe sur la date du décès et sur l'âge de son père. Il écrit « mercredi à la date du 9 juillet mourut *ser* Piero da Vinci, âgé de quatre-vingts ans, le neuvième jour de juillet 1504 [19]. » Son père n'avait pas quatre-vingts ans mais soixante-dix-sept. Et ce 9 juillet est un mardi…

Cette mort explicite ce qui depuis des années sépare la famille du notaire de l'aîné des fils. Dans la maison paternelle en grand deuil, pas de place pour Léonard. On lui en interdit l'entrée. On lui interdit même de veiller son père la nuit de sa mort. Ses jeunes demi-frères, qui ont l'âge d'être ses fils, craignent ses revendications et, juristes, s'arrangent avant tout pour l'écarter et lui refuser sa part d'héritage. Considérable pourtant.

Leur conduite indigne particulièrement l'oncle

Francesco, le frère du mort, qui vit toujours de et sur ses terres, là-haut, à Vinci.

Un mois après le deuil, il lègue à Léonard quelques arpents de terre et, surtout, son nom. C'est essentiel. Léonard peut désormais faire usage du prestigieux nom de Vinci. Le voilà inscrit officiellement dans le lignage des Vinci.

LA JOCONDE

C'est donc en 1503, pense-t-on aujourd'hui — preuves scientifiques à l'appui —, que Léonard commence *La Joconde*.

La plus célèbre peinture de l'humanité, connue dans le monde entier, symbolisant à soi seule l'idée de peinture, n'est en réalité qu'un petit tableau de 70 centimètres de hauteur sur 53 de largeur. Un buste peint grandeur nature sur un panneau en bois de peuplier. Commande d'un mari reconnaissant. La mode de se faire peindre à titre privé et de s'afficher en portrait dans sa maison a enfin droit de cité. Et plus seulement pour les princes. De riches marchands en font désormais autant. Souvent on offre à une dame son portrait en remerciement de quelque chose… spécialement à l'épouse qui vous a donné un fils. Francisco del Giocondo est un riche marchand napolitain qui a réussi à Florence. Comment mieux montrer sa réussite qu'en étalant son portrait et celui de son épouse sur les murs de sa maison ? Preuve de sa fortune. On ignore qui a peint le mari. Pour l'épouse, une Florentine nommée Lisa Gherardini, le monde entier le sait. Giocondo a jeté son dévolu sur ce Vinci dont il a vu la *Sainte Anne*. Lisa lui a déjà donné deux enfants, dont un fils. Elle n'a sans doute pas plus de vingt-deux ans.

Léonard va travailler avec ferveur, sans bouger, pendant trois ans au moins, en tête à tête avec son modèle. Par la suite, ce tableau ne le quittera plus, on sait maintenant qu'il l'a retouché jusqu'à sa mort. D'où sans doute l'impossibilité avérée de le copier. Tant de milliards de coups de pinceau ajoutés de-ci de-là en fonction de l'humeur, de l'inspiration, de... Le mystère de ce chef-d'œuvre tient, pense-t-on de plus en plus, à ces seize années de retouches. Entre autres. Car que dire de son sourire ?

Pour ne pas fatiguer ses modèles, Léonard invente de les distraire et de les amuser par les reparties étincelantes de sa conversation, mais aussi en faisant venir les meilleurs musiciens de la ville, chanteurs, jongleurs, acrobates et autres bouffons. Pour éviter à son modèle l'aspect d'affaissement et de lassitude qu'on constate dans beaucoup de portraits — « chasser cet air mélancolique que la pose donne souvent aux portraits[20] » —, et dont il se souvient à propos de Ginevra Benci et même pour *La Dame à l'hermine*, il choisit de captiver Lisa par les émotions de l'art et le plaisir des sens.

Son modèle a-t-il su intimement saisir cette profonde joie de vivre qui, pour l'homme inquiet de la

Renaissance, représente l'expression la plus rare et la plus parfaite de la beauté physique et morale ?

Un premier carton, celui qui inspire à Raphaël la *Madone Cowper*, date de 1505. Raphaël achève, pas Léonard. Vasari décrit une autre *Joconde*, celle qu'il a aperçue en 1508 à Florence. Et c'est lui qui proclame qu'après quatre ans d'efforts Léonard l'a abandonnée, inachevée. Mais les précisions de Vasari quant aux détails anatomiques, cils, narines, lèvres, veines du cou, sont à mille lieues de l'œuvre qu'on connaît aujourd'hui, où règnent l'indéfini, l'estompe et le *sfumato*. Est-ce à dire que Léonard n'a jamais fini « ses *Joconde* » ? Celle qu'on connaît le suit en France, mais jusqu'au bout, il la dira inachevée.

Quant au paysage du fond, d'aucuns vont jusqu'à affirmer qu'il compte autant que le sujet du premier plan. Venturi par exemple :

> Il semble qu'une même et unique essence compose les roches déchiquetées, les eaux à contre-courant tortueux, l'écharpe qui s'enroule sur l'épaule, les cheveux défaits en mèches par l'air humide du paysage marécageux. Les plis des manches forment des méandres, les chaînettes de la chevelure à demi dénouée, de sinueux filets de lumière courant sur les plis, le doux arrondi des chairs établissent une subtile correspondance pleine d'harmonie entre la figure et le fond étrange [21].

Vasari ne verra jamais qu'un fond noir… Sans doute a-t-il existé de telles *Joconde*. Puisque Léonard recommence, encore, des années durant. On ne sait pas combien de *Joconde* il a commencées. Combien se sont conservées, combien de temps...

Aujourd'hui n'en existe plus qu'une. Celle du Louvre. Proche et lointaine, comme cherchant à échapper à tous ses hagiographes.

SFUMATO

L'esthétique du clair-obscur apparaît comme une hérésie personnelle de Léonard par rapport à l'esthétique innocente de la splendeur qui faisait du plus intense éclat la valeur suprême, et excluait les ténèbres réservées aux règnes inférieurs et au malheur de l'âme. La peinture au *sfumato* est la promotion poétique d'un monde crépusculaire et voilé. Certes, on peut dire que le *sfumato* pour Léonard est d'abord une solution technique. Il s'agit de faire saillir les formes sans recourir à la brutalité des contours ni à l'accentuation du relief... Il n'y a pas de lignes dans la nature, il ne doit donc pas y en avoir dans la peinture. Il faut simplement, en passant des nuances du clair à l'obscur, indiquer les infinités de teintes qui font la variété des choses à représenter. Non les isoler d'un gros trait, mais les laisser paraître, surgir de la nuit. C'est de l'obscurité que naît la lumière. Tout part du sombre pour advenir à la vue. *La Joconde* démontre à l'envi à quelle délicatesse surprenante peut atteindre le

« modelé * », ce fameux modelé que Léonard va d'abord opposer au trait avant de mêler les deux vers la fin de sa vie, en faisant glisser insensiblement de douces lumières dans des ombres délicieuses. Il résout par là le conflit entre dessin et modelé. Cette opposition qui perpétue la controverse entre peintres divisés entre les tenants de l'imitation stricte et les partisans d'une imitation idéalisée où seules les plus belles formes et les plus naturelles sont reproduites. Cette seconde orientation déplaît à Léonard car elle fait peu cas des particularités, difformités, aberrations du vivant, auxquelles il n'a cessé de porter une attention candide, et sans jugement. Il a beaucoup dessiné de grotesques sans jamais exclure la laideur qui fait partie du vivant. Il se fraie sa propre voie et cherche à assimiler l'esprit créateur de la nature, mais la reproduction même fidèle de l'excès de la curiosité devient vite simulacre.

Très rapidement, la technique du *sfumato* s'apparente à un sentiment. S'attache à rendre une humeur, à restituer le climat d'un moment. Cette technique lui permet désormais de sertir ses sujets de plus près, de s'en approcher encore mieux afin d'en détailler le trouble. Mais ces fonds quasi noirs s'inscrivent comme une rupture radicale avec la peinture florentine, célèbre et mille fois reconnaissable d'assez loin encore aujourd'hui, dans n'importe quelle

* Avec Botticelli, le conflit se focalise entre traits et modelés. Léonard prétend, à raison, qu'il n'y a pas de traits dans la nature. Botticelli, qui admire le modelé de Léonard par-dessus tout, s'avoue incapable de ne pas passer par le trait. L'histoire de l'art a tranché, c'est Botticelli qui a gagné.

salle de musée, par sa lumière et ses transparences, cette clarté d'aube qui la nimbe presque toujours, et cela durant presque tout le Quattrocento...

APRÈS ELLE, QUE DES ÉPHÈBES...

Excepté ceux de *La Joconde* et après elle d'une *Léda* habillée et d'une, toute nue, dont la datation demeure un mystère, ses modèles seront tous de parfaits androgynes. Naissent ainsi plusieurs *Bacchus*, beaucoup de *Saint Jean-Baptiste*... Davantage encore que l'éphèbe grec, c'est un type symbolique qu'invente Léonard pour représenter son idée de perfection : sorte d'espèce humaine supérieure, préservée de la misère commune.

Là encore, autant d'ambiguïté surprend. Son public est déconcerté. Sa vie, pour les bribes qu'on en perçoit, et la multiplicité forcenée de ses activités étonnent ceux qui préfèrent ignorer que les artistes aussi ont faim chaque jour. Sa vie semble si décousue. De fait elle l'est. Mais a-t-il le choix ? Il lui faut diversifier ses travaux pour gagner son pain. Il a l'air de vivre au jour le jour, mais comment faire autrement ? On blâme sa désinvolture, et l'on a sans doute raison, il passe sans remords d'un ouvrage à un autre, laissant tout en plan, pour courir faire une troisième chose. Mais on a grand tort de ne pas nourrir l'artiste à sa faim, de ne pas lui donner selon ses besoins, qui excèdent la simple faim, c'est certain. N'est-ce pas dans l'aisance que l'art pousse le mieux ? La grâce s'épanouit toujours mieux loin de l'effort et de la transpiration.

L'âge aidant, Léonard s'abandonne de plus en plus à ses curiosités successives, ce qui ajoute à son impuissance à achever les œuvres en cours, au profit de mille et une choses plus futiles, son goût pour les sciences, l'anatomie... le vol des oiseaux, l'origine des fossiles... tout ce pour quoi il se passionne. Sans doute touche-t-on là à ce qu'au XXe siècle on a cru bon d'appeler névrose.

Par chance, il ne s'est jamais départi de ce dont peu de ses biographes témoignent, mais dont ses *Carnets* abondent : une ironie constante et une gigantesque curiosité, un esprit persifleur et comme dégagé de tout. Léonard est un questionneur ambitieux. « Je demande, je demande » revient en leitmotiv, tout comme « je veux savoir, je veux comprendre [22] ». À chaque page, une curiosité tous azimuts, que rien n'apaise et qui le porte sur toute forme de connaissance. À part, peut-être, pendant les trois années passées à se partager entre *La Joconde* et la *Bataille*, Léonard n'a jamais cessé de courir plusieurs lièvres à la fois.

UN MILAN N'EST PAS UN AIGLE

Peu de biographes se sont penchés sur cette maladie, disons « mentale », pour faire vite, qui toute sa vie a accablé Léonard : celle de l'inachèvement.

Même Freud, qui lui a pourtant consacré un livre entier, est passé à côté. Il faut reconnaître que, fondée sur une erreur de traduction, l'analyse par le docteur viennois d'un des rares souvenirs d'enfance relatés par Léonard dans ses *Carnets* pèche par méconnaissance. Sans doute par manque d'informations quêtées à la source. L'écriture spéculaire de Léonard, malaisée à décrypter, le dialecte toscan, peu courant, les traducteurs du XIXe siècle approximatifs et, surtout, le rêve que Léonard adulte cherche à reconstituer — lui, bébé dormant dans son moïse, la bouche chatouillée, titillée, ou dérangée par des coups de bec, ou par les coups de queue d'un oiseau, d'un milan mais certainement pas d'un aigle — permettent bizarrement à Freud d'en déduire que l'enfant vit avec sa mère ou son grand-père... Il n'a sans doute pas les moyens de vérifier davantage.

Cela n'empêche pas que ce *Souvenir d'enfance de Léonard de Vinci*, entre les mains de Freud[23], soit une analyse passionnante, une étude de cas fouillée et intelligente. Sauf que, ni de près ni même de loin, ça ne parle de Léonard. Celui qu'un siècle et demi d'études approfondies a depuis peu à peu dévoilé.

Par exemple, sa bâtardise. On a beaucoup glosé là-dessus avant de réaliser que c'était un phénomène des plus courants à cette époque. Nombre de rois, de princes, de grands seigneurs, d'artistes et généralement d'hommes célèbres sont illégitimes. Il n'y a encore rien là d'infamant, et peut-être même y a-t-il une pointe de coquetterie à pouvoir se réclamer d'une rencontre amoureuse plutôt que d'un contrat passé entre des familles sans soucis de l'âme ou du cœur des futurs parents.

PARTIR ? RESTER ?

En 1505, Léonard a cinquante-trois ans. Il vit à Florence dans un isolement volontaire, entouré d'un petit nombre d'amis et de quelques élèves, dans une assez grande frugalité qu'il appelle son « austé-rité », et qu'il chérit comme pourvoyeuse de santé. Comme on l'a vu, pain, vin, œuf, champignons, fruits sont depuis toujours ses aliments de base. Et s'il tolère qu'on serve de la viande à sa table pour la jeunesse, lui n'y touche pas. Il ne prend jamais le risque d'un état de conscience modifiée par l'alcool. Il tient à demeurer sous son propre contrôle, tou-jours et surtout à Florence où la corruption des mœurs et les complaisances de la culture profane dénoncées par Savonarole ne sont pourtant rien à côté du climat de débauche qui règne à Rome. Mais pour en avoir déjà fait l'expérience, il sait que le danger de revirement politique est constant. Léo-nard a appris à se défier des puissants — même s'il a besoin d'eux — et généralement à ne faire crédit à quiconque a des ambitions de pouvoir.

Comme il a le goût du secret de plus en plus prononcé, il continue d'avancer masqué, et même ici, peut-être surtout ici, à Florence, se cache délibérément. De plus en plus, son travail a besoin de silence, de concentration, de vigilance.

Depuis l'exécution de Savonarole, les ateliers florentins sont redevenus actifs, mais l'atmosphère intellectuelle manque d'énergie. Au point que d'aucuns commencent à regretter avec nostalgie le temps de Laurent de Médicis !

Voilà, c'est fini, Florence n'est plus le centre du monde, ni la capitale culturelle de l'Italie, ni même le foyer politique le plus actif de la Renaissance. Désormais le présent se passe ailleurs. Rome s'est substituée à Florence et Florence ne s'en remet pas. Rome lui a pris tout son prestige. Léonard ne connaît pas davantage que les autres artistes la sécurité du lendemain. On dirait qu'une sorte de fatalité s'attache à ses travaux qui, au début, toujours, suscitent l'emballement et s'achèvent, ou ne s'achèvent pas, au milieu d'une totale confusion. Pour lui, rien n'est jamais vraiment fini. Il aimerait tant conserver toutes ses œuvres près de lui, afin de les retoucher *ad vitam aeternam...*

UN CUMUL D'ÉCHECS

Une série d'échecs célèbres sillonnent sa vie. Il quitte Florence à trente ans sans avoir achevé ni son *Saint Jérôme* ni son *Adoration...* À Milan, personne ne se soucie de ses rêves d'urbaniste ni d'ingénieur militaire... Il ne parvient pas à respecter les délais de *La Vierge aux rochers*… Il est privé de la fonte de sa statue, et il ne sera jamais sculpteur… *La Cène,* où brille tout son génie, se détériore quasiment sous ses yeux… Il quitte Mantoue sans finir le portrait d'Isabelle… et Venise sans y avoir rien réalisé de positif… Sous César Borgia, il ne mène à son terme aucun de ses projets. Pour la seconde fois, il va devoir s'enfuir de Florence devant une déception générale. Il essuie le même échec avec *La Bataille d'Anghiari* qu'avec *La Cène*… Quant à son chef-d'œuvre, *La Joconde*, il ne le livrera jamais à son commanditaire…

On dirait que son talent pousse sur ses propres ruines… Il se sent impuissant. En même temps, il peut tout et le sait. Mais là, il lui faut quitter Florence, l'air y est délétère. Sa patrie ne lui réussit décidément pas. Dans des conditions d'hostilité croissante, Léonard qui déteste le désordre songe à fuir la Toscane où, finalement, il n'a jamais rencontré la bienveillance ni, considère-t-il, la justice. Quant à la reconnaissance dont il a toujours tellement besoin…

Pis, la Seigneurie le traite de voleur parce qu'il a eu besoin d'argent avant d'avoir achevé la *Bataille* ! Léonard s'indigne. Sous l'injure, il rassemble ses amis et les supplie de l'aider à trouver la somme en question. Argent qu'il veut lancer à la face du gonfalonier avant de quitter cette ville pour toujours. Pour où ? Là est le problème. Ses amis s'efforcent de l'en dissuader. Pourtant, dès le lendemain de sa requête, ils ont réuni la somme avancée par Soderini soi-disant indûment. Aussitôt

Léonard la lui fait porter. Étonné par le geste orgueilleux de l'artiste, celui-ci éprouve peut-être un vague remords et la lui renvoie à son tour. En priant Léonard de bien vouloir conserver ces florins d'or, qu'il a, admet-il, « bien gagnés » !

N'empêche, déprimé, découragé, dégoûté, Léonard ne veut ni finir sa *Bataille*, perdue à ses yeux, ni demeurer plus longtemps dans cette cité qui le traite de voleur et l'accuse d'escroquerie. C'est alors qu'Ambrogio di Predis, l'un des frères Predis avec lesquels il fut jadis associé pour peindre *La Vierge aux rochers*, lui annonce qu'ils ont enfin gagné leur procès. Lequel ne traînait jamais que depuis une vingtaine d'années !

Mais pour toucher leur dû, on leur demande de refaire une autre *Vierge aux rochers* ! Bah ! C'est l'affaire de quelques semaines, précise Ambrogio au plus lent des peintres d'Italie. Quelques mois, traduit Léonard. Le tout est assorti d'une invitation de Charles d'Amboise de revenir travailler à et pour Milan, désormais aux mains des Français.

Une aubaine pour Léonard, même s'il n'a pas la moindre envie de refaire une *Vierge aux rochers*. Le problème, c'est sa *Bataille*, toujours inachevée, que Florence exige qu'il finisse. En son âme et conscience, il l'a déjà abandonnée. Il n'obtient de la Seigneurie, son employeur, qu'un petit délai, trois mois, et encore de haute lutte, et grâce à l'appui de Machiavel. Ah ! s'il pouvait filer à la cloche de bois, se sauver pour toujours ! Mais les Florentins exigent son retour dans les trois mois. Au-delà,

il lui faudra s'acquitter d'une caution de cent cinquante florins d'or par mois de retard.

CHARLES D'AMBOISE À MILAN

À la mi-mai 1506, *Sainte Anne* et *La Joconde*
sous le bras, il reprend le chemin de Milan. Vingt
ans plus tard, le même chemin, et à peu de choses
près, le même état d'esprit. L'œuvre en cours
inachevée, mais le cœur plein d'espérance pour son
avenir à Milan. Accompagné de Salaï, de Battista
et de Marco d'Oggiono, il espère opérer son grand
retour à Milan.

Pour la Seigneurie, à Florence il fait figure de raté.
Parjure, paria... Par chance, son père est mort, qui
ne saura plus jamais rien de sa mauvaise réputation
et du méchant sort que son fils fait au nom des Vinci.

À Milan, *La Cène* existe toujours. Même si elle
a commencé de s'écailler, elle continue d'enchanter
ceux qui la découvrent. Grâce à elle, la France
ouvre grands les bras à Léonard. D'emblée, il a la
confiance de Charles d'Amboise. C'est un grand
soldat, très physique, un vrai meneur d'hommes. Il
est séduit par cet artiste qui lui ressemble. Léonard
est toujours ce magnifique colosse plein de force et
d'une puissance inégalée. Sans doute son insolente
beauté de jeune homme s'est-elle transformée en
une sereine maturité, mais son physique continue
d'inspirer le respect. Autour des années 1510, on

le décrit encore avec des cheveux longs, d'un roux tirant définitivement sur le blanc. Il inspire l'idée de la noblesse classique à la semblance d'un Hermès Trismégiste, d'un Prométhée, voire d'un vieux Platon, tel que bientôt le peindra Raphaël dans la salle de la Signature à Rome. Est-ce lui qui tient à donner cette image à ses contemporains ? Dandy avant la lettre, il sait parfaitement se mettre en valeur, se singulariser et imposer son image.

MILAN

Fier et entêté, Léonard est parti non sans espérer que Florence lui rende justice. Il se trompe. Aucun geste de conciliation ne viendra jamais de sa ville natale. Entre *La Vierge aux rochers*, qu'il reprend avec Predis, et les diverses sollicitations d'Amboise pour restaurer la Lombardie, abîmée par les guerres successives, et l'embellir de toutes les manières que Léonard avait déjà envisagées du temps de Ludovic, il ne chôme pas.

À peine arrivé, Léonard retourne voir sa *Cène*. Le lent travail de dégradation avance irrémédiablement. Dès 1502, quand Louis XII, le roi de France, est entré dans Milan, il a cherché à la faire ôter du mur pour l'emporter en France. Déjà c'était impossible tant le support humide avait commencé de la dévorer. L'on commandita alors des artistes pour la copier. En 1503, Bramantino est officiellement chargé d'en faire une copie de petite dimension sur bois. La France aurait voulu emporter tout ce que Vinci a réalisé à Milan, à commencer par *La Vierge aux rochers*. Ancienne ou nouvelle version ?

En juin 1506, c'est au tour de D'Oggiono, le meilleur élève que Léonard ait jamais eu, de faire une autre copie de *La Cène*, sur une toile de 6 mètres sur 3. Entourée d'un cadre doré orné de quatorze médaillons de prophètes et de sibylles.

Léonard se rend aussi là où trônait jadis son grandiose monument équestre. C'est aujourd'hui une ruine, un vilain tas de plâtre, on l'a détruit avec fougue, apprend-il, à coups de pierres et à l'aide des flèches des archers gascons, durant la première occupation des Français, celle de 1502 !

D'Amboise s'entiche de Léonard, le loge somptueusement et le traite comme un égal. Séduit, il le sollicite comme Léonard aime à l'être, à propos de tout et de rien... Celui-ci, du coup, néglige sa *Vierge aux rochers*, énième version, pour rêver avec son nouveau protecteur d'une villa de plaisance à édifier entre deux fleuves, et qui s'intégrerait dans le paysage grâce à ses jardins et des fontaines...

Du coup, le congé de trois mois accordé par Soderini file à toute allure. Le gouverneur de Milan, d'Amboise en personne, en août, écrit à la Seigneurie pour demander un délai supplémentaire. Affirmant que la présence de Léonard lui est indispensable, il réclame la permission de le garder à Milan. Léonard étant absorbé par les fêtes et les projets en tout genre, le délai se prolonge. Il invente des moulins à musique, des orgues où l'eau chante, des fontaines harmonieusement accordées. Il a un jour observé le mélodieux vrombissement des ailes des mouches et s'est demandé de quelle façon ces sons étaient produits. Par leur bouche, par leurs ailes ? Leurs ailes. Aussitôt, il les transforme en instrument de musique. Pour lui, la réalisation suit toujours l'impulsion. Il attrape quelques mouches, les enferme dans une boîte où elles se mettent à vrombir furieusement. Avec la même méthode minutieuse qui lui fit fabriquer un dragon miniature, il se met à rogner leurs ailes, puis à les coller autrement, en tendant l'oreille afin de saisir les changements de sons et de tons résultant de ces expériences... Il inscrit sur son cahier :

Tu remarqueras qu'en coupant un peu ces ailes, ou mieux en les enduisant de miel, très légèrement, de façon à ne pas les empêcher de voler, tu constateras que leurs ailes en se mouvant font un bruit rauque et que la note passe de l'aigu au grave exactement dans la mesure où le libre usage des ailes se trouve entravé [24]...

La confiance d'Amboise dans le génie de Léonard a sur l'artiste un effet libérateur immédiat. Il peut enfin donner libre cours à toutes ses curiosités en même temps. Ce qui lui permet, dans cette période de trois mois qu'il va prolonger au grand dam de Florence, de se mettre à travailler sur pas moins de quarante projets différents, dont il dresse la liste sans aucun souci d'ordre ni la moindre priorité :

Larmes, éternuements, bâillement, tremblement, haut-mal, folie, sommeil, faim, sensualité, colère quand elle fermente dans le corps, et la peur pareillement, fièvre, maladie. Où le poison est-il nocif ?... Pourquoi la foudre tue l'homme et ne le blesse pas... ? Écris ce qu'est l'âme. Et si l'homme se mouchait, ne mourrait-il point ?... De la nature, qui par nécessité crée les instruments vitaux et nocifs avec leurs formes et positions convenables et nécessaires. Comment la nécessité est la compagne de la nature... Figures représentant la provenance du sperme... D'où vient l'urine ?... D'où vient le lait ?... Comment la nourriture se distribue-t-elle dans les veines ?... D'où vient l'ébriété... le vomissement... la gravelle et la pierre *. D'où la colique... ? D'où, le délire causé par la maladie... ? Pourquoi l'homme s'endort lorsqu'on comprime ses artères ?... Pourquoi une piqûre au cou peut faire tomber un homme raide mort ?... D'où viennent les larmes ?... D'où, la giration des yeux dont l'un entraîne l'autre avec lui ?... Du sanglot [25]...

Sur la même feuille, de la même écriture cryptique et presque hiéroglyphique, ce torrent de problèmes qui se bousculent sans qu'on puisse bien suivre les associations d'idées. On peut quand même s'amuser à remarquer que dans cette sibylline énumération le premier mot est « larme », le dernier « sanglot ».

BISBILLES FLORENTINES

Le second congé de trois mois chichement accordé par Florence passe trop vite. D'Amboise

---

* La maladie de la pierre fait des ravages à l'époque, d'autant qu'on ignore comment remédier aux maux générés par ces pierres ou, plus précisément, par ces calculs.

écrit à la Seigneurie pour demander un nouveau délai. Soderini lui répond assez aigrement : « Si Léonard désire rester plus longtemps chez vous, qu'il nous rende l'argent que nous lui avons donné pour le travail qu'il n'a d'ailleurs pas encore commencé, ainsi nous serons satisfaits. Pour cela, nous nous en remettons à lui[26]. » Ce mot odieux des Florentins, tellement méprisant, produit sur Léonard exactement l'effet inverse. Soderini pensait lui nuire dans l'esprit des Français, au contraire il ne fait que renforcer l'estime d'Amboise qui, du coup, répond à Soderini, de la part du roi de France, qu'il garde Léonard à Milan. Sans autre justification que la volonté du roi. Les trois formes de mécénats qui ont pris leur essor en ce temps-là s'opposent encore dans la façon qu'ils ont de considérer les artistes. Le mécénat princier est une relation duelle, entre un artiste et un prince qui le choisit. Le mécénat religieux, le plus archaïque, représente un traitement de collectivité à collectivité. L'artiste y a très peu de liberté, on choisit pour lui le sujet, les dimensions, les matériaux et les couleurs, on distribue chaque matin les pigments pour les journées et au compte-gouttes, l'artiste est objet de toutes les défiances. Quant au mécénat public, il cumule les handicaps des deux précédents, la relation commanditaire / artiste peut vite tourner à une relation domestique. Et la défiance y est la règle. La peur d'être volé par ces va-nu-pieds hante les administrations, nonobstant les mots de Machiavel : « Un prince doit se montrer ami du talent, employer les hommes de talent et honorer ceux qui excellent dans un domaine particulier. »

Soderini cumule donc les défauts du prince méprisant l'artiste et du commanditaire administratif, suspectant en lui le désir de voler les deniers publics. Il revient à la charge, avec encore moins d'aménité, pour faire rentrer Léonard, au point que, le 16 décembre, le roi en personne, alors en France, ordonne à l'ambassadeur de Florence :

> Il faut que vos seigneurs me rendent un service. Écrivez-leur que je désire employer maître Léonard, leur peintre qui se trouve à Milan et que je désire qu'il me fasse plusieurs choses. Faites en sorte que leurs seigneuries lui enjoignent de me servir sur-le-champ et qu'il ne parte pas de Milan avant mon arrivée...

Et tout cela, ajoute l'ambassadeur, est venu d'un « petit tableau de sa main, récemment envoyé ici et qu'on considère comme une chose excellente [27] ».

Évidemment, à Florence, on s'énerve. Après une énième missive du gouverneur français de Milan exigeant une énième permission, la réponse de la Seigneurie est des plus sèches :

> Que votre excellence nous excuse de ne pas accepter la prolongation de son séjour à Milan, mais Léonard n'a pas agi correctement envers la république, en ce sens qu'il a reçu une importante somme d'argent et n'a fait que commencer la grande œuvre* qu'il s'est engagé à exécuter [28].

Pas le moins du monde affecté par cette accusation, Léonard demeure à Milan. S'il a sans doute

---

* Il s'agit bien sûr de *La Bataille*.

beaucoup travaillé pour le roi de France, on n'a aucune trace de ses travaux. Ce qui n'empêche pas le roi de s'avancer encore plus pour le garder :

> Je désire que le maître Léonard, votre peintre, travaille pour moi... que votre gouvernement se montre ferme envers lui et lui intime l'ordre de me servir sur-le-champ[29] [...]

La lettre est du roi de France ! Qui se permet en outre d'entretenir l'ambassadeur de la perfection artistique et des autres qualités de Léonard. Comme si les Florentins étaient incapables de s'en rendre compte. De fait, il semble qu'ils le soient.

Cette fois, Soderini capitule et fait savoir aux Français qu'il leur laisse Léonard. « En permission » naturellement.

Après avoir conquis Gênes, le roi de France entre enfin à Milan triomphalement. Léonard y a organisé et mis en scène de somptueuses fêtes de réception. Sans doute peu ou mal rétribuées puisque, le 12 mai, il fait retirer par procuration cent quarante florins sur son compte florentin. Grâce à l'intercession d'Amboise, le roi lui accorde un privilège sur une petite portion des eaux du canal, et une pension annuelle, sans rien exiger en retour. Charles d'Amboise fait bien les choses.

Léonard va enfin pouvoir vivre en paix, étudier ce qui lui chante et, sans trêve, expérimenter sans s'exposer aux reproches et insolences. Peindre ce qu'il voudra, quand il voudra, à l'heure où ça lui plaira...

Face aux exigences royales, la Seigneurie renonce

à ses prétentions. Et Léonard devient, en quelque sorte, peintre attitré à la cour du roi de France. Son protecteur immédiat, Charles d'Amboise, a la haute main sur les tableaux. On parle d'une *Vierge aux cerises* et d'autres œuvres disparues depuis, mais qui ont sans doute vu le jour alors. Des projets à foison semblent faire vibrer l'artiste et son admirateur. À nouveau, on rêve de cités idéales. On fait des plans. On s'entend si bien… Est-ce *La Vierge aux rochers* ou l'une des nombreuses *Joconde* alors en circulation, le fameux petit tableau qui emballe les foules ? Pas de certitudes, pas d'archives.

Après Charles VIII, en 1494 lors de son bref passage à Milan, Louis XII est le second roi de France qui cherche autant à l'attirer. Déjà, et en échange de rien, il lui verse une pension de juillet 1508 à avril 1509. Léonard se croit tiré d'affaire.

Ses droits sur l'eau sont dûment enregistrés. On lui en verse régulièrement la rente. Par reconnaissance, Léonard offre au roi deux madones qui l'enchantent et qui, comme *La Vierge aux cerises*, ont aujourd'hui disparu.

Las ! Les échanges reprennent, de plus en plus âpres, entre Milan et Florence :

Nous avons encore besoin de maître Léonard… Votre excellence nous fera un personnel plaisir de prolonger son congé, parce qu'il doit réellement achever ici un important ouvrage commencé pour nous.

Soderini répond :

Que votre Seigneurie nous excuse auprès de vous, Léonard s'est conduit en délateur vis-à-vis de notre Seigneurie. Nous désirons ne pas recevoir de lui de nouvelles prières. Car il faut que son travail ici satisfasse tout le monde qui le paie ; en outre il est impossible de tolérer qu'il interrompe plus longtemps son labeur[30]...

Voleur, délateur... la cité le tient en haute estime !

ALLER-RETOUR MILAN-FLORENCE

C'est un drame, comment dire, testimonial qui finalement ramène Léonard à Florence. Rien d'autre sans doute ne l'aurait fait revenir que la mort de son oncle Francesco. On se souvient que celui-ci avait intentionnellement légué ses terres de Vinci à un Léonard dépossédé par la famille de son père. À nouveau, ses demi-frères cherchent à lui disputer le peu qui lui revient de l'héritage de cet oncle. Ce qui rend Léonard fou de rage. Lui toujours si doux, si courtois, si pacifique, se sent le jouet d'une injustice continue et intentionnelle. Ce n'est pas tant d'être spolié par sa famille qui le met hors de lui, que le non-respect des volontés du seul homme de sa famille qui l'ait jamais aimé et protégé.

Aussi rentre-t-il au plus vite à Florence. Il y passe l'hiver 1508, histoire de ne pas relâcher sa vigilance sur les manœuvres concernant le procès intenté par ses frères. Durant cette période, il vit et travaille chez Piero di Braccio Martelli*, un humaniste érudit qui a fait de sa maison le foyer artistique du moment. Luca Pacioli y demeure aussi. Les trois hommes discutent éperdument mathématiques. Sans oublier les arts. Dans la même maison réside le sculpteur Francesco Giovanni Rustici, l'un des derniers élèves de Verrocchio. À qui, dit-on, Léonard donne un coup de main pour achever son chef-d'œuvre : le groupe du Baptiste au baptistère**.

La jeune génération florentine a créé le club de l'Académie del Pajolo qui se réunit pour festoyer. En font partie : Andrea del Sarto, Piero di Cosimo, Sansovino, Franciabigio, le musicien Ajolle, et Raphaël qui les rejoint parfois. Le mélancolique del Sarto en est le pilier et le boute-en-train, il compose des poèmes satiriques, fabrique des mets surprenants. Son temple antique composé de gélatine et de saucissons est resté célèbre. Les chants, la musique, les fêtes renaissent comme sous Laurent, mais Cosme n'est plus là pour conseiller, encourager et soutenir financièrement l'opération. Et Léonard ne s'y amuse que modérément.

Au cours de cet hiver, pour se distraire de l'attente de son procès, il peint, étudie les mathématiques, aide à la sculpture, classe ses notes, com-

---

* Florentin, issu d'une riche famille de mécènes, laquelle a jadis protégé Donatello. Humaniste érudit, il s'intéresse aussi passionnément aux mathématiques et à l'art.
** Certains biographes de Léonard poussent l'admiration jusqu'à lui en attribuer la paternité, ce qui est sans doute abusif.

mence un nouveau cahier, s'intéresse aux jeunes artistes qui s'adressent à lui... Bandellini, le futur rival de Michel-Ange, lui soumet ses dessins, Léonard lui conseille de travailler en relief et de prendre Donatello pour modèle.

Il n'est pas non plus insensible aux hommages de ces jeunes hommes qui étudient le carton de *La Bataille d'Anghiari*. Mais une secrète tristesse le retient. Dans cette Florence où il aurait pu s'épanouir pleinement, être enfin compris, il ne se sent pas libre. Et puisque son retour à Florence n'a d'autre cause que ce procès, il met un point d'honneur à ne pas ajouter un seul coup de pinceau à sa *Bataille*. La Seigneurie ne le prend-elle pas déjà pour un voleur ? Soderini, qui ne se remet pas de sa fresque inachevée, décide que le procès aussi peut bien traîner en longueur. Léonard se voit obligé de demeurer six mois de plus à Florence. Début 1509, l'affaire a l'air de s'arranger. Il écrit à d'Amboise :

Aujourd'hui je vous dépêche Salaï pour informer Votre Seigneurie que mon procès avec mes frères touche peut-être à sa fin. J'espère arriver à Milan à Pâques. J'apporterai avec moi deux peintures de madones de dimensions différentes destinées à votre roi très chrétien. À mon retour, je serai fort aise de savoir où je pourrai fixer ma résidence car je ne voudrais plus incommoder Votre Seigneurie. Je voudrais en outre savoir, ayant travaillé pour le roi très chrétien, si ma pension continue à courir ou non. J'écris au président de la prise d'eau que m'a donnée le roi, je n'ai pas été mis en possession de cette prise parce qu'à cette époque, il y avait pénurie dans le canal à cause de la grande sécheresse et parce que les ouvertures n'étaient pas réglées, mais il m'a promis que cette régularisation une fois faite, je serai mis en possession. Je prie donc Votre Seigneurie de vouloir bien prendre la peine maintenant que ces ouvertures sont réglées de rappeler au président le règlement de mes droits, à savoir de me donner la possession de cette eau car à mon arrivée, j'espère construire des machines et faire des choses qui causeront un grand plaisir à notre roi [31]...

PROCÈS

La France insiste par la voix de Charles d'Amboise pour que Florence lui rende Léonard. Mais comme son procès n'avance pas, Léonard ose faire intervenir directement le roi Louis XII auprès de la Seigneurie, non seulement afin d'accélérer la procédure, mais aussi pour exiger qu'elle se conclue au mieux. Une lettre du roi est d'ailleurs des plus explicites : « Que soit mis fin audit procès en la meilleure et la plus brève expédition de justice que faire se pourra [32]... »

Soderini n'a plus qu'à se soumettre.

Désormais Léonard peut aller et venir entre Florence et Milan sans craindre d'être retenu de force par un Soderini qui s'est définitivement plié aux injonctions du roi. Serein, Léonard revient assister à son procès. À nouveau hébergé par Piero di Braccio Martelli, il met ce temps à profit pour mettre de l'ordre dans ses *Carnets*. Il retourne aussi à l'hôpital Santa Maria Nuova se livrer à de nouvelles dissections. Notamment sur des femmes en gésine.

Une révélation pour l'artiste qui découvre la magie de l'appareil reproducteur féminin. Il se rend compte aussi de l'importance du dessin pour une meilleure compréhension du corps humain. Il vit désormais dans l'espérance de parvenir à publier ses différents traités quoique encore inachevés. Il entreprend de les structurer en différents chapitres par thématiques. Très vite, il est noyé sous la folle profusion et la variété des sujets. Il compte plus de cent matières pour cent traités différents. Et comme, en relisant, au lieu d'élaguer son texte, il ajoute des passages, il n'avance guère dans son travail. Le premier livre qu'il veut faire éditer est celui qui porte sur l'œil et la vision, devenus son objet d'étude privilégié. *De la supériorité de la vue sur les autres sens* en est le titre rêvé.

Il ne cesse de se promener entre Milan et Florence, et espère un dénouement heureux à son procès afin de se mettre totalement au service des Français qui l'apprécient mieux que personne. *Ser* Giuliano, le notaire qui a pris la tête de la bataille juridique contre lui, commence à comprendre le tort qu'il risque de faire à sa carrière et au nom des Vinci en écrasant son si célèbre demi-frère. D'autant qu'il est clair que celui-ci bénéficie du soutien de nombre de puissants. Aussi Léonard remporte-t-il son procès et pourra jouir jusqu'à sa mort des biens que lui a légués son oncle. Ce qui lui permet, la conscience en paix, de retourner à Milan dès l'été 1509, où il s'installe pour les années à venir. Charles d'Amboise, son protecteur, en est toujours le gouverneur. Il essaye d'y faire revivre la civilisation des Sforza dont Léonard fut le fleuron. Peintre de cour, architecte, ingénieur, conseiller artistique, et ce qu'on ne sait encore nommer, metteur en scène, scénographe, Léonard travaille sur tous les fronts. Construire, restaurer, conserver, réparer les stalles du chœur de la cathédrale, préparer la guerre contre Venise, s'occuper des cortèges pour l'entrée de Louis XII à Milan, inventer des fêtes : la postérité n'y trouve pas son compte, mais le plaisir de vivre et de créer, sans aucun doute. Mais cela suffit à Léonard qui se consacre à plein temps à l'élaboration d'œuvres essentiellement éphémères — celles qu'il préfère ?

AMOUR ET AMITIÉ

Francesco Melzi est sans doute la dernière grande aventure de Léonard. Et l'une des meilleures. Il a connu le jeune homme alors qu'encore enfant il était régulièrement hébergé chez son père, dans ses propriétés des bords de l'Adda, à Vapprio, pays de montagnes au-dessus de Milan. Né au sein d'une bonne famille milanaise, Francesco a reçu une excellente éducation. Il connaît le latin, pratique la calligraphie, est pétri de bonnes manières. À quinze ans, succombant au charme et à la séduction intellectuelle et artistique de Léonard, il entre chez lui en qualité d'apprenti. Il est doué, assidu et totalement dévoué à Léonard qu'il prend pour un génie.

Il ne le quittera plus. Léonard, qui a souvent eu des élèves, des apprentis, des aides dévoués, voire épris, a pour la première fois un disciple à sa mesure. Fin diplomate, Melzi sait arrondir les angles des relations souvent tumultueuses entre Léonard et les puissants. Il se rend indispensable. Ce court billet montre le ton affectueux des relations qui tout de suite s'instaurent entre eux : « Bonjour messire Francesco. Se peut-il faire que tant de lettres que je vous ai écrites, vous ne m'ayez jamais répondu ? Attendez un peu que je vienne et par Dieu je vous ferai tant écrire que vous le regretterez peut-être[33]... » Francesco Melzi est né en 1493, il a seize ans, et Léonard en a cinquante-sept.

Ils ont ensemble un projet qui va occuper toute la fin de la vie de Léonard et l'étendue de celle de Melzi. Il s'agit de recopier, mettre au propre et compléter s'il y a lieu, pour les faire publier, les fameux *Carnets*. Cette centaine de petits cahiers où s'empile tout ce qui a, un jour, ne fût-ce qu'une seconde, passionné Léonard. Il faut d'abord les classer, les thématiser, tenter d'en faire un tri. Sans Melzi, Léonard n'aurait jamais osé y croire, et pourtant, même avec lui, il n'y parviendra pas.

Pendant ses séjours à Florence, ses anciens élèves installés à Milan, Boltraffio, Conti, de Sesto, luttent pour la victoire de l'art nouveau. Ils ont réussi à imposer le style léonardien. Léonard a beau les mettre en garde contre l'imitation, et leur rappeler que « les choses naturelles s'offrent avec tant d'abondance qu'il vaut mieux avoir recours à elles plutôt qu'aux maîtres qui lui doivent tout », la nouvelle formule léonardienne, « clair-obscur plus sourire », s'impose. Devient un stéréotype. On n'y peut rien. Le paysage bleuâtre, l'air rêveur et tendre font « moderne [34] ». La mode s'en empare. Hélas, du coup tous les tableaux se ressemblent au point qu'on les confond sans peine. Impossible d'attribuer une œuvre plutôt à Marco d'Oggiono qu'à Salaï, à Melzi plutôt qu'à Boltraffio, à Sesto ou même à Predis. Or les véritables héritiers de Léonard s'appellent Raphaël, del Sarto, Sodoma ou Luini, et ne sont jamais passés par son atelier.

L'entente entre Melzi et Léonard est parfaite. Léonard ne cesse de le faire travailler. Très beau lui aussi, Melzi est pourtant le contraire de Salaï. Pauvre, ignorant, mal élevé, ce mauvais diable a tout reçu de Léonard, et s'il avait été éducable, il n'en montra jamais rien. Oh ! les toutes dernières années, à sa façon, il a bien essayé de témoigner quelque reconnaissance, mais par une sorte de fidélité animale. Sinon, pendant vingt-deux ans, répétons-le, il s'est comporté en fils unique, exigeant et capricieux, mal élevé et pervers. Alors que Melzi, gentilhomme riche, courtois, avide de savoir, se donne à Léonard avec l'ardeur des âmes généreuses. Son temps, sa vie, ses biens, il met tout à sa disposition et pour toujours. Il se croit son obligé. Onze années durant, jusqu'à sa dernière heure, il l'entoure d'affection, de prévenance et de soins quasi filiaux. Sans doute des liens plus sensuels les ont-ils unis au début, mais c'est un attachement plus fort que tout qui amène Melzi à ne jamais quitter Léonard, jusqu'à devenir son exécuteur testamentaire. « On demeure surpris de trouver chez un être si jeune une telle intelligence du cœur, une compréhension aussi profonde du génie, une admiration aussi lucide de la grandeur », s'exclament déjà les chroniqueurs du XVIᵉ siècle.

Salaï a beau essayer de garder sa place de préféré auprès de Léonard, en dépit de Melzi, ce rival qui lui dispute le temps et l'intérêt de Léonard, il n'en a pas les moyens. Conquis par tant d'affection, Léonard ne peut que s'y abandonner. « Le sourire de Melzi me fait tout oublier [35] », dit-il à propos de son meilleur élève.

Avec Salaï, c'est la guerre en permanence, faite de trahisons, de veules abandons et, pis que tout, empreinte de cette jalousie sourde qui mine l'amitié et la transforme en incompréhension.

Sociable et solitaire, brillant causeur et taciturne, gai et dépressif, Léonard vieillissant fait alors de lui ce portrait avec cet humour qui le caractérise : « Encore que la prospérité du corps ne nuise pas à celle de l'esprit, le peintre ou le dessinateur doit être solitaire, surtout pendant les périodes de ses spéculations et recherches qui sans cesse se présentent à ses yeux, qui enrichissent sa mémoire et qu'il met en réserve. Si tu es seul, tu seras tout à toi, si tu as un compagnon, tu ne t'appartiendras qu'à moitié, et même moins selon l'indiscrétion de son commerce. Si vous êtes plusieurs, l'inconvénient augmente. Tu as beau dire : je ferai à ma guise, je resterai à part pour mieux chercher la forme des choses naturelles, je te le dis, tu n'y réussiras pas car tu ne pourras fermer l'oreille à leur bavardage, et on ne peut servir deux maîtres, tu seras un mauvais camarade et un détestable spéculateur d'art. Tu me diras encore : "je me mettrai si bien à l'écart que leurs propos ne me parviendront pas et ne me gêneront pas." On te prendra alors pour un fou, je t'en avertis et tu ne seras pas moins seul[36]. »

Malgré ses déceptions en amitié comme en amour, et sans doute furent-elles nombreuses, jamais Léonard ne s'aigrit. Il garde intacte sa capacité d'émerveillement. Il sait chaque rayon du soleil capable de lui offrir un aspect nouveau des choses et des êtres. Faire éclore chaque matin une nouvelle fleur, un nouveau fruit... Aussitôt après avoir affirmé que la haine est plus clairvoyante que l'amour, il conclut : « Si tu as un véritable ami, c'est un autre toi-même[37]... »

Libéré des soucis du pain quotidien par la générosité de Charles d'Amboise, entouré d'affection, d'admiration, de vénération et même de concurrence amoureuse entre Salaï et Melzi, outre les soins des élèves, de ses amis, ses amants, ses amours, Léonard vit ce second séjour à Milan comme la période la plus heureuse de sa vie. Il lit beaucoup. Trouve des concordances entre lui, Platon et l'Hermès Trismégiste. Pour Platon, le plus clairvoyant de nos sens, parce que le plus objectif, était la vue : « l'ouvrier de nos sens a fait plus de dépenses pour l'organe de la vue que pour nos autres sens. Plus pénétrantes des facultés sensitives... ». Quant au Trismégiste, il a dit « ce sont des fenêtres que nous avons et non des yeux[38] ». Y a-t-il une chose qui ne vienne de l'œil ? L'éloge de la vue! Voilà encore un manuel que Léonard rêve de mener à son terme. L'optique le passionne :

> Qui perd la vue ne perçoit plus la beauté et ressemble à un homme enfermé vivant dans une sépulture. Si le corps est un tombeau (Platon-Ficin), la vue en est la puissance libératrice, fenêtre du corps humain par où l'âme contemple la beauté du monde et en jouit, tout en acceptant la prison du corps qui, sans ce pouvoir deviendrait une torture[39].

La beauté! Si un mot devait résumer la quête qui caractérise la Renaissance, et Léonard le premier, c'est bien celui-là. Il n'a pourtant pas le même sens pour chacun. Pour Raphaël, la beauté est la promesse même du bonheur. Pour Michel-Ange, c'est le principe du tourment et de la souffrance morale. Poésie, transe et enchantement surnaturel pour Botticelli. Alors que, pour Léonard, elle est l'instant du mystère. L'énigme, et peut-être aussi sa solution. En tout cas le moteur le plus efficace de ses curiosités.

POLITIQUE

Tout va pour le mieux dans le meilleur des mondes de Léonard quand le roi de France, Louis XII, attaque Venise. Dix ans après la chute du More, son ancien complice, le cardinal Della Rovere, devenu pape sous le nom de Jules II, ne peut qu'admirer les résultats de sa politique! Les deux plus grands États d'Italie sont entre les mains d'étrangers. Les Espagnols tiennent Naples, les Français, Milan. Ils forment une tenaille à quoi il est difficile d'échapper. D'autant que chacun n'a qu'une idée : agrandir ses possessions. Et pour y arriver, Espagnols et Français disposent de moyens meurtriers considérables. Quant à Venise, elle se trouve où elle avait réduit Byzance quelques siècles plus tôt : en grand danger.

Paradoxalement, quand Louis XII prend la tête de la coalition, toutes les populations locales épousent la cause de Venise, célèbre et aimée pour avoir toujours respecté la liberté des peuples. La campagne est sanglante, la promenade militaire prévue par les Allemands, les Français et les Espagnols pour réduire la Sérénissime ne laisse personne indemne. Au point que les femmes de toutes les classes sociales, aidées de leurs enfants, vont participer à la défense de leur cité sur l'eau. La résistance des Vénitiens et, surtout, des Vénitiennes remplit l'Italie de stupeur et d'admiration.

Les événements politiques compliquent décidément toujours la vie de Léonard. En mars 1511, le soldat Charles d'Amboise part à la guerre. Mortellement blessé, il succombe à l'âge de trente-huit ans. Avec lui, Léonard perd le seul protecteur qui l'ait jamais compris et respecté sans rien lui imposer.

Aux yeux du nouveau prince, il fait forcément figure de traître, comme tous ses amis, dont Melzi chez le père de qui tout l'atelier de Léonard monte se réfugier à l'annonce du retour de Maximilien

Sforza, le fils du More. Après la bataille de Novare, il semble à Léonard plus prudent de quitter la Lombardie. Mais pour aller où ? Éternel problème de l'exilé…

Par chance, Jules II vient de mourir. Lui succède le premier pape Médicis. Fils de Laurent, dit le Magnifique, élevé dans le culte des arts et de l'humanisme, Léon X ouvre de grands espoirs chez les artistes qui comptent sur lui pour faire de Rome un nouveau foyer de création.

Melzi et les peintres lombards font valoir à Léonard tout l'avantage que lui, le Florentin de Vinci, un pur Toscan, peut tirer de cette élection. D'autant qu'il vient de recevoir une lettre du mélancolique Julien de Médicis, le frère du pape, le second fils de Laurent le Magnifique. Censé administrer assez mollement la cité de Florence, à l'élection de son frère le voilà sommé de s'installer à Rome afin de s'y occuper des arts. Il ne met qu'une seule condition pour quitter Florence et rejoindre son frère le pape : faire venir Léonard auprès de lui. Voilà donc Léonard, à son tour, quasi sommé de se rendre à Rome. On ne résiste pas aux Médicis. On ne peut rien leur refuser. Cela peut être dangereux.

Accompagné de Salaï, de Melzi, de deux inconnus, Lorenzo et le Fanfoïa, aides ou serviteurs, et bien sûr de l'inénarrable Zoroastre, le 24 septembre 1513, Léonard quitte Milan pour la seconde fois, et pour toujours !

Le 10 octobre, il passe à Florence déposer trois cents florins à l'hôpital Santa Maria Nuova et arrive à Rome en décembre. Julien de Médicis le fait loger au Belvédère, sur les hauteurs du Vatican, avec sa suite. Il est convenu qu'il lui accordera la même pension que le roi de France à Milan, trente-trois ducats d'or par mois — ce qui représente une somme considérable.

Quatrième partie

(1513-1519)

MALARIA

Malheureusement, Julien de Médicis est un grand mélancolique doublé d'un terrible velléitaire. Généreux certes, mais fatigué, esthète à la volonté vacillante, lacunaire. Frère du nouveau pape et, à ce titre, couvert d'honneurs. En réalité, son frère, une fois sacré, a décidé de l'éloigner de Florence pour y placer un chef à sa main déterminé aux futurs combats qu'il compte lui faire mener. Et dont Julien est incapable.

Léonard espère trouver là un asile définitif. Il a soixante et un ans. Ce séjour sera pourtant le pire de tous. Il n'y rencontre qu'ennuis, déceptions et humiliations. Humiliations surtout.

Ce vieil artiste, unanimement salué par les riches pour ses automates, ses mises en scène et ses fêtes, admiré de ses pairs pour quelques rares chefs-d'œuvre, célèbres désormais dans toute la péninsule, n'inspire pas la moindre sympathie. Au contraire. Les habiles politiques du Vatican voient en lui un protégé des Français dont la puissance menace toujours. Un suspect ! Les artistes le regardent d'un œil jaloux, il est trop doué. Et ils le savent mieux que personne. Raphaël craint de perdre sa place de favori du pape, et Michel-Ange, qui l'a toujours haï, le voit arriver avec terreur. Or, ce sont eux qui aujourd'hui tiennent le haut du pavé romain. Avec Bramante, qui est lui plutôt content de retrouver un rival à sa mesure.

Dans la cité papale, la vie est cruelle aux artistes sans protecteur. Et quand ils en ont un, ils dépendent de l'humeur du maître, capricieux ou despotique, qui ne voit dans leur travail qu'un moyen de servir son prestige personnel. Pas la moindre place pour la fraternité. Quand un artiste obtient une commande, il la défend bec et ongles, avec une terrible âpreté. Souillés par ces vils sentiments d'envie, d'astuce et de vengeance, ils se conduisent entre eux aussi mal que les seigneurs, tous rivaux des miettes du pontife. Léonard souhaite échapper à la guerre entre artistes.

Cela lui est assez aisé, puisqu'on commence par ne rien lui commander ! Et comme le Belvédère est inhabitable, avant de s'y installer, il faut exécuter quelques travaux afin de le rendre salubre. Sa troupe s'y emploie, pendant que Léonard est envoyé par Julien avec pour mission de trouver un moyen d'assécher les marais Pontins qui enflamment chaque année de fièvres les Romains. Dans cette campagne infestée de moustiques, assisté du fidèle Battista, Léonard passe quelques semaines, avant de s'installer dans un Belvédère refait à neuf.

Ces quelques semaines lui ont suffi pour qu'il attrape la malaria. Lui qui, de sa vie, n'a jamais été malade ne comprend rien à ce qu'il lui arrive. Il croit mourir, met ses affaires en ordre, s'inscrit même à une confrérie laïque qui a pour mission de fournir aux solitaires sépulture et funérailles. Sous le coup de l'affolement, il cotise une fois, le temps de guérir. Et d'oublier.

Il est surpris que sa drastique hygiène de vie ne lui ait pas mieux conservé la santé. Cette fois il est très atteint, au point que Julien l'oblige à voir un médecin. En a-t-il réellement besoin ? Que peut la médecine quand le corps lâche et que l'âge le rattrape ? Il n'aura fallu qu'une minute de faiblesse, et que l'assaille ce « mauvais air, littéralement la malaria [1] », pour que tout en lui cède, plie et s'affaisse. Il va se remettre, mais il ne sera plus jamais cette force sur laquelle il a fait fond sans compter toute son existence.

Rome traverse alors une de ces époques troubles où les alchimistes s'engraissent de l'angoisse des hommes. Bien sûr, on les lui recommande. Or, depuis toujours, Léonard les fuit autant que la peste et la médecine. La diète, des décoctions de plantes, l'assistance assidue de Salaï, de Melzi et du « sorcier » Zoroastre, grand confectionneur de potions plus ou moins magiques... viennent à bout de ses maux. Mais il a eu peur, très peur. Désormais, il sait qu'il est mortel. Il devient encore plus urgent de mettre au clair ses précieux *Carnets*, et surtout de les publier.

Pauvre et délaissé, Léonard reste un long temps sans courage ni espérance. Après la malaria, il se sent diminué. Pourtant, Rome n'est-elle pas avant tout promesse et synonyme de beauté ? Alors... Sitôt remis, il part à sa découverte. Et n'en revient pas indemne.

Jamais depuis Cosme de Médicis à Florence, dans les années 1420, il y a près de cent ans, n'ont été rassemblés autant d'artistes en un si petit lieu, en un si court laps de temps. Partout s'étale la plus grande nouveauté jamais imaginée. Bramante et son plan pour Saint-Pierre : le génie de l'architecture quand elle se fait « art de l'intelligence ». La salle de la Signature, la chapelle Sixtine... Quelques « nouvelles » ruines récemment mises au jour, etc.

Il faut imaginer la scène où Léonard, entouré de Julien de Médicis, de Raphaël, de Salaï, de Melzi, de Bramante, de Sodoma et sans doute de quelques-uns des formidables élèves de Raphaël... pénètre dans la salle de la Signature, pour la première fois !

Au premier coup d'œil, Léonard voit tout. A tout vu. Tout de suite ! Il se reconnaît dans le Platon de *L'École d'Athènes*. Oui, Raphaël est un génie pur. Il connaît d'instinct tous les secrets de l'art. Mais pourquoi l'a-t-il peint sous les traits de Platon, lui qui n'aime qu'Aristote ?

Et que peut-il ressentir découvrant la chapelle Sixtine ? Melzi, qui l'accompagne, ne le dit pas. Sans doute une terrible émotion maîtrisée. Léonard a engagé un combat trop ardent avec le bourreau des ténèbres pour ne pas reconnaître chez Michel-Ange ses propres cris, ses lamentations étouffées et ses profondes aspirations... Comment ne pas être sensible à l'histoire héroïque de la caverne ? Léonard prend la peine de noter intégralement ce rêve dans un de ses *Carnets* : « Ayant cheminé sur une certaine distance entre les rocs surplombants, j'arrivai à l'entrée d'une grande caverne et m'y arrêtai un moment, frappé de stupeur, car je ne m'étais pas douté de son existence ; le dos arqué, la main gauche étreignant mon genou, tandis que de ma droite, j'ombrageais mes sourcils abaissés et froncés, je me penchai longuement d'un côté, de l'autre, pour voir si je ne pouvais rien distinguer à l'intérieur, malgré l'intensité des ténèbres qui y régnaient ; après être resté un moment, deux émotions s'éveillèrent soudain en moi : peur et désir ; peur de la sombre caverne menaçante, désir de voir si elle recelait quelque merveille. »

Si Michel-Ange exprime si fort ses sentiments les plus intimes, il demeure ouvertement trop hostile à Léonard pour que celui-ci puisse lui en faire part. La fraternité entre artistes semble interdite. Rome demeure ce « cloaque d'iniquité » que décrivait déjà Laurent de Médicis.

Dans la cité vivent plus de sept mille prostituées, la syphilis y est endémique. Quelque vingt ans plus tard, Benvenuto Cellini n'exagère pas en affirmant que c'est la maladie commune des ecclésiastiques. Heureusement le Belvédère est un lieu à part au Vatican, en hauteur comme son nom l'indique — l'air y est un peu meilleur —, cerné de jardins immenses et presque sauvages. C'est là que Léonard s'est réfugié, puis isolé, et enfin a été abandonné.

PETITS BOULOTS

L'hostilité tenace, sournoise et perfide de Bramante et de Sangallo à l'égard de Michel-Ange, l'ingratitude puis l'indifférence calculée de Raphaël envers le même, leur jalousie à tous s'unit quand paraît Léonard. Il est leur aîné et laisse toujours éclater son émerveillement devant leurs travaux. En secret, sans doute, chacun reconnaît sa suprématie. Mais la vie et les rapports entre artistes sont d'une si excessive brutalité qu'ils ne peuvent le crier haut et fort. Léonard veut à tout prix se tenir à l'écart de ces honteuses querelles. Il compte sur son protecteur, le doux Julien, pour survivre sans bassesse. Tant qu'il peut, ce dernier appuie Léonard, mais sa santé fragile et son caractère faible ne lui permettent pas une grande pugnacité. Et il doit quitter Rome pour aller se marier en France. Juste avant son départ, il a obtenu pour son protégé une de ces commandes qui en temps normal l'auraient réjoui mais, dès l'instant qu'on ne lui demande rien d'autre, l'humilient plutôt. Il doit trouver comment remédier à l'usure des pièces de la monnaie vaticane qui s'érodent trop vite. Les pièces perdent alors leur gravure, et on ne sait plus ce qu'elles valent. Une monnaie sans valeur ! Lui échoit également la commande d'une petite madone pour le pape. Rien d'autre ! Si : Julien l'a aussi prié de faire avancer son rêve de miroirs ardents pour lequel il a fait venir d'Allemagne deux artisans spécialisés. C'est un rêve que Léonard partage depuis longtemps.

Léonard profite de son travail sur l'usure des pièces pour rédiger un mémoire sur les opérations de la frappe qui servira longtemps aux ateliers monétaires. Cela lui laisse encore beaucoup de temps libre, aussi demande-t-il à ce pape libéral l'autorisation de reprendre ses travaux d'anatomie à l'hôpital. Léonard est de plus en plus curieux des origines de l'homme. Avoir frôlé la mort lui donne le désir frénétique de comprendre d'où il vient. C'est toujours à la matrice féminine et aux organes de la reprodution qu'il s'intéresse. Il veut de toutes ses forces, comme s'il sentait venir sa fin, mettre au propre son traité d'anatomie et, surtout, le publier. Il écrit sans ambages :

Je veux faire des miracles. Pour faire de telles études, tu seras moins tranquille que ceux qui mènent une vie tranquille ou que ceux qui veulent s'enrichir un jour. Tu vivras longtemps dans une grande pauvreté, comme il en est et en sera toujours pour les alchimistes, les inventeurs et, en somme, pour les stupides nécromanciens et magiciens [2].

Cette pique s'adresse directement aux assistants allemands préposés aux miroirs ardents qui sabotent systématiquement son travail en lui ôtant jusqu'au goût de s'y mettre. Pourtant, jamais Léonard n'a eu protecteur plus intelligent, plus dévoué aux arts, et *a priori* plus décidé à lui faciliter la tâche que ce Médicis-là. Jamais non plus il n'a évolué dans une société mieux choisie, plus brillante et aussi créatrice. Il devrait y avoir toute sa place et il ne la trouve pas. La situation aurait dû lui être favorable, il se sent paria. Jamais depuis Cosme de Médicis autant d'artistes, en train de créer, n'ont pu le faire dans si grande joie, foi et enthousiasme. Mais pour Léonard, la joie, la foi et l'enthousiasme sont perdus, loin et hors de la grande fraternité des ateliers toscans. À Rome, c'est chacun pour soi, et la haine n'est jamais loin.

LA BARBE, ENFIN

Depuis sa malaria, Léonard porte ses cheveux de plus en plus longs et s'est laissé pousser la barbe : il ressemble enfin à l'image universelle qu'on a conservée de lui ! Il aura fallu attendre ses soixante ans pour qu'il devienne tel qu'on se l'est toujours représenté. Ainsi offre-t-il une idée de la noblesse et du savoir. C'est l'image qu'il tient à donner à ses contemporains jusqu'au bout, celle qui le rapproche de l'Aristote des plaquettes de bronze. Il n'est déjà presque plus de son temps. Ses contemporains sont ravis d'abonder dans ce sens et de l'enterrer de son vivant. D'ailleurs, en se présentant comme le philosophe du mystère universel, il ne fait qu'accentuer ces traits de dandysme qui remontent à sa première jeunesse. Il n'a pas renoncé à se singulariser…

Ce séjour à Rome, où Léonard espérait travailler à sa guise, se révèle un cauchemar. Il pensait être à l'écart des jalousies au paisible Belvédère. Or, non seulement ce séjour est entrecoupé de voyages d'études à Parme en 1514, à Milan en 1515, pour le compte de Julien, mais il est aussi compliqué par des déboires de toutes espèces. Victime de sombres et sournoises intrigues, Léonard doit se battre à tâtons contre de curieux personnages. Il a accepté avec enthousiasme de travailler à la mise au point des miroirs ardents. Depuis longtemps, il rêve des usages qu'on pourrait faire de l'énergie solaire si l'on trouvait comment la capter, comment la stocker, comment la diriger… Pour commencer, il doit parvenir à la canaliser à l'aide de miroirs paraboliques. Pour ce faire, les deux aides spécialisés que Julien lui a adjoints, un Allemand qui se fait appeler Giovanni Degli Specchi, autrement dit Jean des Miroirs, et son assistant, n'ont de cesse de le martyriser. Jean des Miroirs commence par puiser sans vergogne dans les anciens travaux de Léonard pour son usage personnel, voire pour les monnayer en son nom. Quant à l'assistant, allemand lui aussi, il ne fait que s'enivrer, aller tirer les oiseaux à l'arbalète dans les ruines *, et détrousser Léonard et les siens comme au coin d'un bois. Et comme ils sont aussi logés au Belvédère, l'ambiance est exécrable. Affaibli, Léonard supporte mal que sa maisonnée soit polluée à ce point par des assistants qu'on lui a imposés. Et on ne lui commande toujours rien d'autre !

Avec ces deux ouvriers allemands, dire qu'il ne s'entend pas est un euphémisme. Mais il doit les loger, les nourrir et les former, en échange de leur compétence réelle sur les miroirs ardents. Pour la première fois de sa vie, Léonard fait appel à son protecteur pour qu'il tranche dans les conflits qui l'opposent à son agresseur et l'en débarrasse. Las, deux mois après le début de leurs travaux communs, Jean des Miroirs, comme l'histoire a fini par l'appeler, déménage à la cloche de bois du Belvédère, emportant clandestinement une masse de documentation qu'il n'est pas long à exploiter : une série de projets de machines à usage technique que Léonard étudie depuis des années **. Suivant les plans de Léonard,

* Ce qui pour Léonard est le plus grave : tuer des bêtes juste pour jouer, il ne sait rien de pis. Il n'a jamais supporté que le corps humain soit ce qu'il appelle une « *auberge de cadavres* ».

** Léonard s'intéresse très tôt à la vis d'Archimède, dispositif qui permet de pomper l'eau au moyen d'une hélice tournant à l'intérieur d'un cylindre. Ses premiers dessins techniques sont d'un style proche de l'épure. Léonard dessine aussi, avant 1480, une pendule à air comprimé qui évoque certaines de ses réflexions mélancoliques sur la fuite du temps et la crainte que « nos misérables jours ne passent sans laisser aucun souvenir dans la mémoire des mortels », ainsi qu'il le note dans ses *Carnets*. Soulever de lourdes charges, arracher des barreaux de fenêtres en fer, pomper et canaliser l'eau sont les premières préoccupations du jeune technologue : tout comme confronter l'esprit humain et son ingéniosité aux forces brutes et lui donner les moyens de maîtriser les énergies de la nature. Les appareils hydrauliques et la vis d'Archimède inspireront à Léonard l'un des grands principes de sa physique, la spirale ou coquille d'escargot : « Un tourbillon est comme un perçoir auquel rien n'est assez dur pour résister. »

il va fabriquer puis vendre des dévidoirs à tordre la laine et d'autres objets conçus pour l'industrie que Léonard a étudiés et mis au point dans le but de simplifier la vie et le travail des gens de peu.

Entre eux, la querelle s'est envenimée au point qu'il tente une nouvelle fois de faire intervenir Julien, son protecteur, comme hier dans son procès le roi de France, afin qu'il fasse justice en sa faveur, mais Julien a quitté Rome le premier jour de janvier 1515 pour épouser Philiberte de Savoie. Le jour de son départ, consternée, toute l'Europe a appris la mort de Louis XII.

Cette mort et son mariage font instantanément de Julien l'oncle du nouveau roi de France.

Les six mois que Julien passe loin de Rome sont un crève-cœur pour Léonard. Léon X n'assure pas sa protection. À la moindre rumeur, il risque l'abandon, voire le désaveu du pape. Et celle que fait courir en 1514 Jean des Miroirs n'est pas des moindres. Il l'accuse de nécrophilie, pis, de viol des morts, ceux qu'il est censé autopsier à l'hôpital. Nécrophilie, nécromancie, qu'importe ? Ce méchant assistant, traître et médisant, ne recule devant aucune calomnie pour perdre Léonard, comme en témoigne ce propos rapporté par l'Anonyme Gaddiano :

Il ne se borne pas à examiner les cadavres, à observer la dissection. Ce qui le préoccupe, c'est de rencontrer des jeunes hommes malades ou convalescents, beaux, toute occasion de satisfaire sa curiosité sexuelle perverse. Tout le monde en a honte à l'hôpital, il faut que cela cesse. Et qu'il soit interdit de séjour à l'hôpital, insiste la rumeur auprès du pape [3]…

Si tolérant soit-il, Léon X déteste les histoires. Il se doit d'interdire à Léonard de poursuivre ses dissections, lui ôtant ainsi toute possibilité de pratiquer l'anatomie. Il lui fait valoir la réprobation universelle qu'il risque de s'attirer, lui, le pape, en couvrant pareils sacrilèges. Léonard s'attendait à plus de tolérance de la part d'un Médicis, en tout cas qu'il lui laisse le temps de finir son traité d'anatomie. Mais il a affaire à un pape influençable et prompt à souscrire aux plus médisants, un vrai Florentin et, pis pour Léonard, un Médicis. Dont, à tort ou à raison, il considère que, depuis sa jeunesse florentine, ils lui ont toujours nui.

Pour se faire pardonner, ose-t-il croire, en l'absence de son frère, le pape lui commande — enfin — une peinture à l'huile. Aussitôt, Léonard commence à distiller huiles et herbes afin de mettre au point un nouveau vernis. Quand cette information anodine revient aux oreilles du pape, on rapporte que celui-ci se serait écrié : « Cet homme ne fera jamais rien puisqu'il s'occupe de l'achèvement de son ouvrage avant de le commencer. » Comme si, à soixante-trois ans, on pouvait encore préjuger de l'avenir de l'artiste Léonard ! D'autant que Léonard n'a jamais dit autre chose que sa volonté de tout savoir d'avance sur ce qu'il veut représenter. D'où son souci de l'anatomie et son goût pour les vernis de finition.

Ah ! cette mauvaise réputation, toujours, tout le temps, qui discrédite son travail, et qui englobe le fabricant de vernis distillant des herbes... celui qu'on sait acoquiné aux pires gueux de la cité, quand on ne s'attaque pas à l'espion ou au sorcier. Comme d'habitude, est-on tenté de dire, on le dénonce pour ses mœurs et pour ses mauvaises fréquentations. Comme toujours, comme partout. À Rome, il ne quitte plus son cher Zoroastre, avec qui il fut compromis à vingt ans à Florence, dans la *tamburazione* de l'affaire Saltarelli. Hier comme aujourd'hui, pour Léonard, ce dernier broie ses couleurs, joue son rôle de devin, sculpte en orfèvre un poignard qu'il le prie de porter. À l'occasion, il distille des poisons ou des remontants pour rendre sa sève à l'impuissant, occire les méchants comme en rêve... Un vrai mage !

L'humour l'emporte malgré tout. Léonard se drape dans une dignité plus amusée que blessée. Il se met activement à la fabrication de choses qu'on appellera plus tard farces et attrapes... « Sur le dos d'un gros lézard très curieux, trouvé par un vigneron du Belvédère, Léonard fixe des ailes, faites d'écailles prises à d'autres lézards, qui, à l'aide de vif-argent, vibrent au mouvement de l'animal. Il lui ajoute des yeux, des cornes, une barbe et surtout, il l'apprivoise. Puis il le conserve dans sa poche, afin de l'en extraire pour faire peur aux gens et fuir ceux devant qui il l'exhibe[4]... » Authentique ou non, cette anecdote mille fois contée par autant de biographes que d'hagiographes témoigne de l'étrange climat de mystère, d'alchimie et de calomnie qui entoure la moindre de ses activités à Rome.

Il a aussi retrouvé Atalante qui œuvre à Rome au titre d'intendant des fabriques pontificales. C'est sans doute avec lui que Léonard reprend ses expériences acoustiques. L'un et l'autre sont toujours aussi bons musiciens. Malgré le temps écoulé depuis le fameux concours de musique de Milan, ils jouent toujours aussi bien ensemble.

Fin 1514, des retrouvailles plus inattendues ont lieu entre Léonard et l'un de ses demi-frères. Giuliano, le deuxième fils de *ser* Piero, le chef des *fratellastri*, ses frères ennemis lors de la bataille testamentaire. Celui qui lui avait intenté un procès pour faire annuler le testament de leur oncle. Trente-cinq ans, marié, père de famille et, bien sûr, notaire. Son rapprochement avec Léonard n'est ni désintéressé ni fortuit. C'est que ce célèbre aîné, quoique bâtard, ne manque pas de relations utiles à un jeune notaire ambitieux. Une lettre de Léonard adressée à un conseiller du pape témoigne de ses démarches en faveur de ce quémandeur. Une autre à ce frère adressée à l'instant où celui-ci, devenu père, indique un esprit plus cynique que facétieux : « Tu te félicites d'avoir engendré un ennemi vigilant dont toutes les forces tendront vers une liberté qui ne lui viendra que de ta mort[5]... »

Décidément, Léonard étonne. Déconcerte. Agace. La multiplicité de ses activités intrigue le pape comme la cour qui évolue au Vatican. Une vie décousue, capricieuse, au jour le jour. On se plaint de sa désinvolture, de son impuissance à tenir ses commandes, à achever ses œuvres. On l'accuse de ne plus aimer l'art. De le délaisser pour la science... Certes, il refuse toute concession pour mieux s'abandonner à ses curiosités et on ne lui pardonne pas. On le lui fait sentir : plus de commande et même, depuis le départ de Julien, plus d'argent. On oublie de lui payer ce qu'on lui doit. Il n'a plus la force de réclamer.

Sa fascination pour les orages reprend le dessus. Il ne dessine plus que des trombes d'eau, des tourbillons, des déluges. Ce qui alarme Melzi. Sans doute est-ce cela, plus encore que l'affaiblissement et la maladie, qui décourage Salaï. L'humeur au Belvédère est par trop morose et Léonard, après cette maladie qui lui a fait entrevoir des gouffres, a perdu un élément déterminant de sa joie de vivre, son énergie chaque matin renouvelée. Sa sève, en quelque sorte. Sa si formidable, si terrible vitalité.

Il faut se rappeler pourtant que l'hydraulique est sans doute la matière qui l'aura de loin le plus captivé. Il y revient si régulièrement qu'il croit y avoir réellement apporté du nouveau.

RUPTURE

Salaï s'est-il déjà fait offrir ce qu'il considère comme son dû, son héritage de Léonard, et pense-t-il qu'il n'a plus rien à en attendre ? Toujours est-il qu'il devance l'appel — la mort prochaine de son maître — et le quitte. Subitement. Après toutes ces années de vie commune, confuse, fusionnelle, erratique... il l'abandonne. À Rome, au milieu de la désolation qu'est sa vie, brutalement il met un terme à leur existence commune. Alors que, depuis plus de vingt ans, il l'a fidèlement accompagné partout, il s'arrête ici. Il retourne à Milan, où il va se construire une maison sur la vigne de Léonard. Il n'en jouira pas longtemps. Il meurt durant l'hiver 1523.

On ignore tout de ce que ressent Léonard de cette incroyable désertion, de cet abandon si violent. Même si on s'en doute, on ignore s'il en souffre, ni s'il s'y attendait. Il ne fera plus jamais mention du joli petit diable qui a occupé une si grande part de sa vie. Si ce n'est quelques années plus tard, en France, à l'heure de mourir, pour le coucher à nouveau, mais cette fois chichement, sur son dernier testament.

Restent les derniers fidèles, Battista de Villanis, ce serviteur, homme à tout faire qui, comme Salaï, depuis Milan, n'a jamais quitté Léonard, et l'adorable Francesco Melzi qui a résolument lié son sort à celui de son grand homme. Et qui s'alarme des mauvaises pensées en images de Léonard, ces gouffres, ces orages électriques, ces tourbillons dévastateurs, incessamment dessinés. Désirés ? Sorte de prémonition de l'abîme. Effectivement, les malédictions s'accumulent. Léonard s'enferme dans son laboratoire, fabrique des instruments mystérieux, distille des herbes bizarres, écrit à l'envers, utilise d'illisibles anagrammes, dissèque des cadavres… Toutes études qui inspirent de la répulsion au vulgaire et lui font se demander à quel sinistre penchant il obéit… La science n'est-elle qu'un prétexte ? Mais un prétexte à quoi ? D'autant qu'à cette époque la majorité des médecins déclare l'anatomie superflue. Or Léonard n'a plus ni avocat ni protecteur... Julien absent, plus personne ne prend sa défense. Et même après son retour de France, dans l'été 1515, Julien est bien trop affaibli, trop malade, pour se porter au secours de son protégé. À peine rentré, il se retire à l'abbaye de Fiesole pour se soigner. En réalité, pour mourir. De Fiesole, il ne ressortira plus.

Léonard ne se sent pas bien. Ce n'est plus le mal des marais, quoique, à Rome, on ne soit jamais à l'abri d'une rechute de palude. Là, les chroniqueurs parlent de consomption, celle dont se meurt Julien. Et même d'apoplexie ! Ce qui va à l'encontre de tout ce qu'on sait des règles d'hygiène tellement strictes de Léonard *, règles sur lesquelles tous les chroniqueurs sont d'accord, ce qui est assez rare pour être souligné : très petit mangeur, végétarien entêté, hostile à toute débauche de bonne chère et obstinément sobre.

Cet été-là, oui, il ne dessine que des tourbillons et des déluges. Obsessionnellement. Il étudie les mouvements de l'eau qu'il compare à ceux d'une

---

* Il faut lire à ce sujet ce poème burlesque en 16 vers issu des *Carnets*, dans lequel, comme on voit, sont toujours associées luxure et gourmandise, ce que l'Église appelle alors les «péchés des trous du corps» : «Veux-tu rester en bonne santé, suis ce régime. Ne mange point sans en avoir envie, et soupe légèrement. Mâche bien, et que ce que tu accueilles en toi soit bien cuit et simple. Qui prend médecine se fait du mal.

Garde-toi de la colère et évite l'air alourdi. Tiens-toi droit en sortant de table et ne cède pas au sommeil à midi. Sois sobre pour le vin, prends-en fréquemment en petite quantité mais pas en dehors des repas ni l'estomac vide, ni ne retarde la visite aux lieux d'aisance.

Si tu prends de l'exercice qu'il soit modéré. Ne te couche à plat ventre ni la tête basse et couvre-toi bien la nuit. Repose ta tête et tiens-toi l'esprit en joie. Fuis la luxure et observe la diète.»

chevelure, à la musculature de l'épaule et du cou, semblable à un système de cordages et de voiles... Définitivement il ne pense plus que par analogie et association. Les os sont pour lui l'équivalent humain de la roche terrestre ; le sang, les veines, le répondant des fleuves et eaux courantes ; les cheveux et leurs boucles, les feuillages et les fleurs...

Léonard va et vient sans effort de la science à l'art. Et inversement. Mais le cœur n'y est plus. Est-ce la maladie qui lui inspire gouffres et tourbillons ? En tout cas, de là date la paralysie de sa main droite, celle qui peint, et peut-être de toute la partie droite de son corps. D'après les chroniqueurs qui, encore une fois, ne sont pas d'accord entre eux. Main droite ou moitié du corps ? ou bien lente évolution de sa paralysie entre 1515 et 1519 ?

DERNIÈRES HUMILIATIONS

Autre bonne ou malheureuse raison à son amertume secrète : Bramante, peut-être son unique allié dans le monde des artistes à Rome, meurt au début de 1514. Outre le grouillement d'artistes en tout genre que Rome attire à elle depuis le début du pontificat Médicis, les trois plus grands génies de l'époque qui se trouvent là en même temps sont tous prêts à lui succéder : Raphaël, Michel-Ange et Léonard. Le nom de Léonard devrait s'imposer, il est le seul à pouvoir prétendre à un poste d'architecte. Même Julien, du fond de sa faiblesse, le rappelle à son frère. Mais Léon X se défie obstinément de Léonard. Comme un fait exprès, il demeure longtemps sans choisir de successeur à Bramante, pour évidemment, *in fine*, confier à son peintre préféré le soin de saboter systématiquement le travail de l'architecte.

Que le pape choisisse Raphaël pour succéder au grand architecte témoigne assez des intrigues et des guerres qui se mènent là sans désemparer. « Tout à sa joie d'inventer de nouvelles machines pour alléger la peine des hommes, de fabriquer des onguents pour faire pousser les ongles, ou rendre sa virilité aux pauvres amants, Léonard oublierait sûrement que le but de son travail est d'élever le plus vite possible le dôme de Saint-Pierre[6]... », voilà en quels termes le pape se justifie d'avoir opté pour Raphaël, au détriment de Léonard.

Raphaël a trente ans. Il est l'homme de l'heure. Préféré à Michel-Ange, pauvre malheureux titan, aveuglé par sa jalousie et ses passions tristes, lequel hait aujourd'hui Raphaël autant qu'hier Léonard.

À peine nommé, Raphaël décrète la conception de Bramante illogique. Il défigure son grand œuvre. Saint-Pierre est perçu comme une sorte de panthéon moderne. Y accoler son nom, c'est s'assurer l'éternité. La plus grande gloire de Bramante est d'en avoir conçu le plan. Et une partie de celle de Michel-Ange consiste à en avoir élevé la coupole, à laquelle il consacre les vingt dernières années de sa vie. C'est dire assez l'importance réelle et symbolique de Saint-Pierre. De fait, Léonard en est le grand exclu. Cette nomination l'aurait consacré et lui aurait assuré une fin de vie glorieuse sinon heureuse. Et Léonard est de plus en plus attristé par l'antipathie manifeste de Léon X.

Par chance, la politique étrangère préoccupe davantage ce pape que les conflits internes des artistes du Vatican. Dès son avènement à la couronne de France, début 1515, François Ier, le nouveau roi de France, s'empresse de faire valoir ses droits sur la couronne d'Italie. Naturellement. Tous les rois de France ont des vues, qu'ils croient légitimes, sur quelques cités d'Italie. Les Florentins, qui sont naturellement les alliés des Français, l'ont compris et ont même devancé l'appel. À commencer par Julien, qui est allé épouser la nièce de François Ier, les bras chargés de tableaux et d'ouvrages de Léonard.

PERDU POUR L'ITALIE...

Avant d'envahir l'Italie pour l'aller conquérir, le nouveau roi fait escale à Lyon, la grande cité des marchands de tissus. Donc des Florentins. À cette occasion, une immense fête salue son arrivée sur le trône, et un grand lion mécanique marche vers lui, s'arrête devant lui comme s'il le reconnaissait, se frappe la poitrine, afin d'en faire jaillir des brassées de lys qu'il lui offre solennellement... Impressionné par cet incroyable automate, totalement inédit en France, le roi s'enquiert de l'auteur de pareil chef-d'œuvre. On lui parle d'un mystérieux savant italien, peut-être encore vivant. Ça tombe bien, c'est en Italie qu'il va.

Son sens très fin de la stratégie — et quelques erreurs d'appréciation des potentats italiens — lui ouvrent un boulevard pour s'y rendre.

Le 15 août 1515, François Ier pénètre en Italie par le col de l'Argentière... Ce qui ne s'est jamais fait ! Il inaugure ainsi une route par le sud et prend tout le monde par surprise. Le pape et son armée de Suisses se retrouvent complètement pris au dépourvu, en tenaille, et leur armée, très vite défaite.

MARIGNAN, 1515

Partout où il passe, ce nouveau roi conquiert des territoires. Jusqu'à Marignan où la victoire de la France est alors officialisée, autant que l'échec italien, ou plutôt d'une partie de l'Italie. Le 16 octobre, François Ier est maître de Milan. Cette démonstration de force suffit à contraindre le pape à négocier.

Une rencontre entre eux est mise sur pied à Bologne au début de l'année 1516. Le pape, qui a appris le succès rencontré par le lion automate auprès du nouveau roi à Lyon, exige la présence de

Léonard dans la délégation. Quand il en a besoin, il sait parfaitement se rappeler son existence. C'est sans doute ce qui navre le plus l'artiste. Sa précarité et son isolement ne sont donc pas le fruit du hasard. Puisqu'on sait bien l'aller chercher au besoin, c'est qu'il est intentionnellement oublié. Dépité, Léonard refuserait bien de le suivre à Bologne, mais âgé ou non, fatigué ou non, on ne désobéit pas au pape. Et puis, les Français lui ont toujours si bien réussi, pourquoi ne pas rencontrer ce roi de France ?

Pour l'heure, François Ier, « jeune, fol du désir de la joie et des aventures, ne songe qu'à l'heureuse lumière du présent et s'y baigne corps et âme[7] ». Sa réputation de grand amoureux des femmes le précède. De lui, on sait qu'il aime la beauté, la grâce en toutes choses, l'amour et le plaisir, l'élégance du bien-dire et le luxe des arts... Il ne peut ignorer que son prédécesseur a déjà souhaité s'attacher pour sa gloire et la richesse de la France l'artiste à ses yeux le plus illustre : Léonard de Vinci. Celui qui réussit les plus belles fêtes au monde. L'inventeur du fameux automate.

BOLOGNE

C'est donc avec une généreuse sympathie que François Ier reçoit Léonard et le traite en hôte digne des plus délicats égards, en ami dont la renommée ne peut que faciliter sa conquête des foules. À Bologne, où Léonard arrive dans la suite du pape, il est de fait mieux reçu que ce dernier. Pied de nez du destin, c'est Léonard que le jeune roi réclame de voir en premier, Léonard qu'il rêve de connaître, Léonard avec qui il s'entretient. Le calcul du pape était juste. Même si la suite pontificale prend assez mal de se voir méprisée au profit du vieillard décrépit du Belvédère.

Le monarque charge Léonard d'organiser la fête qu'il veut offrir à Milan pour son intronisation. Là, pour la première fois, Léonard va déléguer comme jamais, et faire exécuter à distance ses maquettes d'automates qui, désormais, illustreront les fêtes de toutes les cours d'Europe. Quelle revanche pour l'artiste dédaigné par ses compatriotes ! Il assiste à l'entretien du roi et du pape, où humblement ce dernier sollicite la paix, presque à tout prix. Devant tous les cardinaux qui l'ont blessé à Rome, Léonard triomphe. À nouveau l'esprit léger et espiègle, il ne se gêne pas pour dessiner, sous forme de caricatures, ses ennemis de la veille et proférer tout haut ses réflexions caustiques sur leurs travers et leur ignorance. D'autant plus désagréables aux oreilles de Léon X qu'elles sont justifiées, et font rire le roi.

François Ier s'éprend immédiatement de l'homme Léonard et, contre ça, aucun Médicis, fût-il pape, ne peut rien. Le roi lui fait des propositions mirifiques. Las, Léonard est fatigué, si fatigué. En même temps, comme chaque fois qu'il reprend la route à cheval, aller de Rome à Bologne l'a guéri de cette anémie mélancolique qui le ligotait, impuissant, à son Belvédère.

RETOUR À ROME

Mais le pape rentre à Rome, avec Léonard, pour la dernière fois, dans ses bagages. De retour au Belvédère, l'accablement l'assaille à nouveau. Toujours pas de commande. Et l'absence de Salaï se fait plus fortement sentir. Aucune trace d'amertume pourtant dans ses *Carnets*, au contraire, on y voit notre Prométhée presque honteux d'avoir cédé à la tristesse. Il a repris son air impassible. En dépit du fait qu'il est à nouveau malade. Est-ce une rechute de malaria ou une crise de goutte, comme ont cru le diagnostiquer certains lecteurs de ses *Carnets*? À terme, cette maladie entraîne la paralysie des membres, à commencer par les extrémités. À nouveau, son corps refuse de le suivre. Alors que Michel-Ange aime et sait à merveille éveiller la compassion pour ses souffrances, Léonard réfrène cris, plaintes et exclamations. Plus il vieillit, mieux il avance masqué. Ne rien montrer, ne donner aucune prise. Au point que, sans ses notes sur ces misères-là et les quelques témoignages de ses contemporains, on ne saurait de lui que sa gaieté, sa malice, son humour, d'autant qu'avec la bande de gueux qu'il a retrouvée et recomposée à Rome il multiplie les folies. Outre le lézard, toujours dans sa poche, qu'il sort pour surprendre, il gonfle, gonfle, gonfle énormément des boyaux de mouton pour les faire s'envoler dans les pièces où il n'est pas mais où se trouvent ses invités. Jusqu'à les effrayer, puis à en rire. Jamais, il ne perd jamais son terrible sens de l'humour. En dépit des chagrins qui, à Rome, se multiplient, les chroniqueurs continuent de vanter sa sérénité, son humeur constante et constamment paisible. C'est un grand pacifique, son horreur pour la guerre n'en est pas la seule preuve, il est aussi très tempéré dans ses rapports avec les méchantes gens. Ce qui est d'autant plus saillant qu'on compare souvent son caractère avec celui, malheureux et mauvais, de Michel-Ange. Chez Léonard, toute sa vie durant, c'est la surabondance et non le manque qui suscite la création.

Depuis son retour de Bologne, la situation a empiré. Léonard se sait entouré d'ennemis. Les intrigues des Allemands n'en sont que le symptôme. Puis, soudain, le 17 mars 1516, toute l'Italie prend le deuil. Julien, le beau, le tendre, le mélancolique Julien de Médicis s'en est allé. Sa mort soudaine laisse Léonard sans défenseur et sans défense. Il note d'ailleurs vers la fin de son séjour romain : « Les Médicis m'ont créé, les Médicis m'ont détruit[8]. » Julien n'était plus dans Rome, mais son existence garantissait encore un peu celle de Léonard. Lui mort, il n'a plus personne pour le protéger. Ni pour le faire vivre. Or, dans sa situation, Léonard ressent de plus en plus le besoin d'être protégé. Sans qu'il sache pourquoi, la menace augmente. Aussi songe-t-il sérieusement à quitter

Rome, mais pour vivre de quoi ? Et comment ? Et pour aller où ?

LE GRAND DÉPART...

En août 1516, il est encore à Rome. Mais il semble pourtant que sa décision soit prise. Il se rend à Milan pour arranger ses affaires, permettre à Francesco Melzi de voir sa famille et, sans doute, dire adieu à Salaï. Mais de cela on n'a ni trace ni preuve.

C'est la première fois depuis des années qu'il est seul, c'est-à-dire sans Salaï. Sans amant. Salaï a sûrement été la grande affaire de sa vie. Quoiqu'on ne puisse rien affirmer. Lui-même tente de le dissimuler, de se le dissimuler. Mais des notes, des dessins érotiques, voire pornographiques *, les témoignages de ses contemporains, outre d'incroyables échanges d'argent plus que suspects entre un maître et son serviteur, un maître et son assistant, un maître et son élève, que rien ne saurait justifier, et qui font penser à une de ces liaisons compliquées mais qui durent justement en raison de leur complexité. Que Léonard ait supporté plus de vingt années cette odieuse petite gouape à ses côtés, dont les exactions l'ont sou-

* La récurrence du beau visage de Salaï, vieillissant avec les années, s'empâtant avec les abus, et tous ces nus, ces sexes dessinés en érection, cette volonté de « graffiti » dans le croquis comme pour prendre au vil... Tout est bien intentionnel.

vent terriblement desservi, ne s'explique que par la déraison, l'amour, la passion, un désir sans cesse ranimé. Toujours Salaï lui a nui, mais il l'aurait gardé indéfiniment si ce dernier, sentant venir la mort du maître, ne s'était éclipsé de lui-même.

Amis, serviteurs, assistants et autres élèves de Léonard l'ont systématiquement dénoncé, repoussé, s'en sont méfiés. Cruel et teigneux, il semble que Salaï n'ait jamais manqué une occasion de mal faire, de voler, de nuire, d'abîmer... Comment Léonard a-t-il pu l'aimer, et l'aimer autant, et l'aimer si long-temps, est une des grandes énigmes de sa vie, qui pourtant n'en manque pas.

On peut sans peine imaginer l'état de déréliction où il se trouve. Abandonné par son amour, sans protection depuis la mort de Julien, oublié du pape sinon banni de la confrérie des artistes romains, réduit à une sorte de mendicité qui ne dit pas son nom, mais qui lui est d'autant plus humiliante, voyant fondre ses économies sans espoir de les refaire, puisqu'on ne lui commande plus rien, que répondre aux invitations pressantes du roi de France ? Plusieurs lettres de François Ier témoignent de son intérêt pour l'artiste, et même d'une forme d'attention plus qu'étonnante de la part d'un si jeune roi envers un vieil original. À croire qu'il a tout compris de sa situation. Après la mort de Julien, le roi se fait insistant, comme s'il était informé qu'avec ce Médicis Léonard avait perdu son dernier protecteur en Italie.

Est-ce l'effet de la délicatesse du roi, le dénuement réel où se trouve Léonard, en dépit de son âge et de son état de faiblesse, nonobstant le danger que toujours présente la traversée des Alpes — elles ne sont jamais sûres, et l'hiver approche —, Léonard accepte l'invitation du roi. Bouger, se déplacer ne lui a jamais fait peur, mais là c'est différent. Ce déménagement est forcément définitif. Il ne se berce pas d'illusions : s'il quitte l'Italie aujourd'hui, c'est pour toujours. Il n'y reviendra jamais. Il mourra en France. Sorte d'exil irrévocable, un adieu à son pays. Cette notion de pays n'a que très peu de sens pour Léonard. Il a mille fois prouvé que sa radicale liberté ne lui permettait de s'attacher à aucune terre, à aucun maître, à aucun parti. Mais quelque chose de la nourriture locale, de la langue la plus humble, le toscan de son enfance, de ses sources profondes... c'est cela qu'il abandonne à jamais.

L'hiver approchant, il n'a plus ni le temps ni les moyens d'hésiter. S'il accepte la proposition du roi de France, il doit partir immédiatement, avant les neiges.

Son départ ressemble étrangement à sa fuite de Florence trente-quatre ans plus tôt. Si ce n'est que le roi lui fait parvenir une escorte afin de l'aider à déménager ses affaires et à franchir les Alpes sans trop de problèmes. Léonard n'a jamais reculé devant la peur, les difficultés ou le désir. Cette fois non plus.

À l'orée des grands froids, chargés de toute sa vie et de son œuvre, brinquebalée par malles sur quelques mules, Léonard, Francesco Melzi et Battista de Villanis, fidèle serviteur du maître, traversent la Lombardie, le Piémont, remontent les Alpes à cheval, redescendent la Savoie, traversent la vallée de l'Arve… ainsi que le note Léonard pour se rappeler le panorama. Dès le mont Genèvre, le froid, la neige, précoce cette année-là, rendent malaisée la fin du voyage. Assez périlleuse même. Le périple s'achève dans une sorte de coton pénible, de cahots sans fin. Léonard n'a profité ni du paysage, ni des courbes de la Saône, ni de son arrivée dans la vallée de la Loire, ni même du chaleureux accueil de la cour du roi, dépêchée pour le recevoir. François Ier n'a pu être là en personne. La politique le requiert ailleurs mais, sitôt libéré, il s'empresse de rejoindre le grand homme qu'il a fait installer dans le petit château où il a grandi, à quelques enjambées d'Amboise où sa cour passe une partie de l'année. Et où vivent sa mère et sa sœur bien-aimée, la célèbre Marguerite de Valois qui s'attache, elle aussi, à Léonard.

Les Archives nationales de Paris possèdent une attestation de paiement « à maître Lyenard de Vince, peintre ytalien la somme de deux mille écus soleil pour sa pension sur deux années ». Ainsi donc il touche mille écus par an, ce qui représente une somme énorme. Par ce document, il est nommé officiellement « peintre du roy ». Sans compter tous les cadeaux dont le souverain le couvre dès son arrivée.

On se doute que ce n'est pas seulement la promesse de tout cet argent qui fait aller Léonard à François Ier, ni même la garantie d'être enfin logé, nourri, payé, entretenu sur un si grand pied, sans souci d'avenir, même s'il a souhaité toute sa vie cette tranquillité. Ce qui fait réellement pencher sa décision pour l'exil, c'est le charme de ce roi, son élégance et l'admiration qu'il éprouve et exprime envers lui, Léonard. Impressionné, fasciné, le monarque ne lui ménage ni son enthousiasme ni sa générosité. Si, à soixante-quatre ans, l'artiste se résout à ce nouvel exil, c'est sans doute que le roi lui offre de finir ses jours en paix, dans cette harmonie à laquelle il aspire tant, surtout depuis l'abandon de Salaï.

La chance et, pour lui, le miracle tiennent à ces paysages tourangeaux. Il s'en éprend sur-le-champ. N'est pas pour rien non plus dans son adaptation aisée le confort du petit château que le roi lui offre. Lui offre, oui, avec tous ses meubles et terres attenantes. Tant qu'il demeure en France, précise le roi avec élégance, Léonard peut en faire ce que bon lui semble, y compris les vendre, les donner, enfin en disposer de toutes les manières.

Léonard se réjouit de la popularité dont il jouit à la Cour avant même d'y paraître. C'est la gloire. Il lui aura fallu attendre d'être ce très vieux monsieur, exilé en terre étrangère, pour recevoir la reconnaissance qu'il espérait depuis si longtemps, et la gloire et la fortune qui l'auraient sans doute obligé à d'autres chefs-d'œuvre si seulement...

DERNIÈRES ANNÉES

On a vu que Léonard a toujours aimé, adoré la nature. C'est sa première source d'inspiration et de joie. Ce sera aussi la dernière. Dans le silence de ces bords de Loire, la campagne lui est une consolation profonde. De plus, cette maison le rassure. Il s'y sent bien. Chez lui. Des murs épais, une disposition de pièces parfaite. Un étage pour le travail d'atelier et de recension de ses *Carnets* avec Melzi : l'essentiel de ses occupations, mettre au propre ses livres, afin qu'ils voient enfin le jour. Une grande cheminée dans la pièce principale et, jouxtant l'atelier, une chambre avec vue sur la Loire... Outre de magnifiques écuries pour les chevaux dont il lui a fait cadeau à son arrivée, le roi lui donne aussi Mathurine, la cuisinière qui fut la sienne lorsqu'il était enfant. Non loin de là *, Amboise, le château royal, est assez en retrait pour que le Cloux ** demeure un havre de paix, de silence, de solitude choisie.

Le Cloux est un château moderne, édifié récem-

* À huit cents mètres précisément.
** Aujourd'hui le Clos-Lucé. Bâti à la fin du xvᵉ siècle par Estienne Leloup, bailli de Louis XI, habité par le vicomte de Ligny que Léonard a bien connu à Milan en 1499.

ment. Aussi le confort y est-il une nouveauté qu'à son âge Léonard apprécie. En briques rouges et tuffeau gris, ce petit manoir est sis sur un terrain légèrement en pente, à l'abri d'un long mur d'enceinte doté d'une petite tour de guet. À l'intérieur du mur court une longue galerie formant une sorte de loggia. Plus bas, le verger, le potager et un étang cernés de verdure.

À cette époque, en France, tout est en train de changer. La découverte de l'Amérique, la prise de Constantinople, l'invention de l'imprimerie, toutes ces choses qui ont précédé le règne de François Ier contribuent à étendre le domaine de l'homme tant physique que moral. Ce nouveau siècle court après un monde neuf, de nouveaux univers, les gouvernements cherchent des moyens d'augmenter leur richesse et d'ajouter à la puissance de leur prospérité matérielle une parure de noblesse. C'est exactement le rôle de Léonard, pour François Ier. Il lui apporte les échos de la première Renaissance, la vraie, peut-être la seule véritable.

À peine Léonard installé au Cloux, le roi le prie d'organiser les fêtes du baptême de son premier fils, le dauphin Henri. Le 3 mai 1517 a lieu une double célébration à Amboise sous le signe de Florence. Le baptême du fils du roi, et le mariage de sa nièce, Madeleine de la Tour d'Auvergne, avec un Médicis, Lorenzino, un neveu du pape. Parmi les Florentins qui se déplacent pour l'événement, beaucoup sont enchantés de saluer Léonard qu'ils ont probablement méprisé quand il était encore chez eux ! En dépit de ces bons auspices, les époux meurent dans l'année, laissant une fille, Catherine, celle qui deviendra la fameuse Catherine de Médicis, « la reine serpente »...

Sur la place, un arc de triomphe est dressé, surmonté d'une figure nue portant des lys d'une main et, de l'autre, une représentation de dauphin (figurant le fils du roi). Sur un côté, une salamandre* avec la devise du roi : « *Nutrisco et extinguo* » (je m'en nourris ou je m'éteins), et sur l'autre, une hermine avec la célèbre devise des Sforza : « Plutôt mourir que se souiller », qui illustre pour Léonard son amie Cecilia Gallerani, la fameuse *Dame à l'hermine* qu'il a jadis eu tant de plaisir à peindre.

Quinze jours plus tard, nouvelle fête ! Pour célébrer la victoire de Marignan, remportée deux ans plus tôt. Léonard y ménage avec science des mécanismes fantastiques et des effets de surprise que depuis l'on nomme *coups de théâtre*. Ou encore *effets spéciaux*. Il n'en reste que de superbes dessins de costumes. Des fauconniers tirent du haut des créneaux des boulets de papier et de chiffon tandis que des canons au bruit assourdissant font pleuvoir sur la foule des ballons, lesquels, au contact du sol, rebondissent de toute part sans blesser personne et en faisant rire tout

---

* Mythologiquement, la salamandre était une créature qui vivait dans le feu. Elle a fréquemment été adoptée comme emblème du courage et de la patience dans la souffrance. Jean d'Aragon l'avait incluse dans sa devise « *Durabo* » (je souffrirai avec patience). François Ier a été parmi les premiers à choisir cette créature pour emblème un peu partout dans ses châteaux, en particulier dans ceux de Blois et de Chambord. La salamandre a également été utilisée en héraldique pour signifier la constance et la justice, l'homme qui demeure impassible et indemne dans le feu des tourments.

le monde. Nouvelle invention, grand effet de surprise.

LA TOURAINE

L'âge n'a pas encore éteint les feux magnifiques de son génie. Par ses décorations, ses costumes, ses machineries et ses automates, Léonard n'a aucun mal à éblouir les courtisans et la famille du roi, les enchanter surtout. Ce sont désormais pour lui de vieilles inventions, et il sait mieux qu'hier déléguer pour les faire confectionner, tout en y ajoutant ici et là quelques touches nouvelles. Tout cela l'amuse, comme s'il n'y avait plus pour lui désormais le moindre enjeu.

Le roi l'a installé au Cloux pour plusieurs raisons : la Cour est souvent à Amboise, ce n'est donc pas un exil. Au contraire. Là est aussi le centre des travaux que le roi souhaite le voir entreprendre.

D'abord, un nouveau palais à élever — la Cour se fait de plus en plus nombreuse — sur ces opulents bords de Loire où les plus riches seigneurs se font une gloire d'édifier un château plus beau que celui du voisin. Le roi lui demande de concevoir là un palais moderne. On a retrouvé ses plans pour cet ensemble palatial sis aux environs de Romorantin.

Ensuite, Amboise touche la Sologne, ce beau

pays de marécages et de fièvres dont l'assainissement relatif ne date que de la seconde moitié du XXe siècle ! Et ce n'est pas faute d'avoir proposé un plan. Celui de Léonard sera repris à l'identique quatre siècles plus tard !

Léonard étudie la contrée, le système des eaux, le régime de la Loire, ses affluents, et conçoit immédiatement un canal pour assainir et fertiliser ce pays triste et pauvre et le rapprocher ainsi de l'Italie en établissant une communication directe par la Saône, entre la Touraine et le Lyonnais, alors grand centre des relations commerciales entre les deux pays. Projet aisément réalisable. Mais ni Léonard ni le roi ne le mènent à bout. Absence de volonté ? Ou bien les hommes que le roi nomme pour exécuter les plans de l'artiste ne sont pas à la hauteur du projet.

Dans tous ses plans, Léonard indique toujours les choses les plus modestes comme les plus ambitieuses. Des cabinets, pourvus de portes se fermant par contrepoids, aux escaliers les plus majestueux. Comme celui à double révolution, qui sera réalisé plus tard au château de Blois et qu'on a l'habitude de lui attribuer, sans preuves réelles, seuls quelques dessins épars semblant pouvoir accréditer cette légende...

Certains chroniqueurs le disent malade et, pourtant, il parcourt les routes de Touraine et le marais solognot sur des montures royales. Et il travaille, puisqu'il bâtit, virtuellement du moins, sur le papier, le palais idéal du roi et transforme la bourgade de Romorantin en capitale du royaume. La

Cour réside en Val-de-Loire depuis la guerre de Cent Ans, se méfiant de Paris, toujours un peu trop fidèle aux Bourguignons. Tours, capitale politique, bancaire et spirituelle de la France ne peut être agrandie, la Loire l'en empêche. Voilà pourquoi le roi et Léonard envisagent de créer une ville *ex abrupto* à partir d'un site vierge.

Ses dessins attestent que Léonard a repris ses rêves de cité idéale là où il les avait laissés à Milan plus de vingt ans auparavant.

Durant les années 1517-1518 Léonard voyage souvent aux côtés du roi, essaye de réaliser chacun de ses rêves, ou bien se contente de lui donner la réplique en imaginant à haute voix ce que l'on pourrait faire de tel ou tel paysage. Assécher la Sologne, cette somptueuse et vaste plaine imprégnée d'eau comme une éponge, couverte de marais insalubres. Dans les environs de Venise et de Rome, Léonard a déjà asséché des marais, il sait planifier ce genre de travaux. Là, il ne va pas jusqu'à les superviser, mais du moins en règle-t-il les étapes.

De retour au Cloux chaque soir, Léonard dicte à Melzi les moyens de réaliser sur le papier les rêves du roi. Le reste du temps, il s'emploie à lui dicter et à ordonner ses *Carnets*. L'espoir d'en achever certains ne le quitte toujours pas, notamment son traité sur la peinture, celui sur l'anatomie aussi. Sans doute même espère-t-il boucler ses études sur le vol humain...

Au printemps 1518, pour le baptême du futur duc de Bretagne, fils de François Ier, Léonard joue pour la dernière fois son rôle de machiniste en chef. La fête est somptueuse. Le jeune roi, qui ne connaissait que le bonheur de l'instant, rêve désormais que la cour de France devienne le modèle du bon goût. Par l'ordonnancement de cette pompe, Léonard exerce cet art complexe dont les créations éphémères réjouissent sa fantaisie. Peintre, architecte, décorateur, costumier, machiniste, ingénieur, ses talents si divers conspirent au plaisir des princes, et il sait les décliner en une multitude d'improvisations géniales.

Décidément, le roi l'aime, lui rend visite, se plaît dans sa compagnie et répète à qui veut l'entendre : « Je ne croyais pas qu'homme au monde eût su autant de choses que le Vinci, ce grand philosophe, ni autant que le Vinci ce grand artiste[9]. »

Est-ce à la demande de François Ier qu'il exécute ou achève son *Saint Jean-Baptiste* ? D'aucuns le prétendent. Ou qu'il en refait un nouveau… ? On possède une première trace de ce *Saint Jean-Baptiste* à Rome. Celui qui est demeuré, ou revenu, en France est celui où sa technique picturale est la plus aboutie.

Cellini, de passage en France, rencontre Léonard et le décrit comme un très vieux monsieur « très courtois, qui connaît tout, qui sait tout, qui peut tout... », qui fait des plans pour des châteaux, des projets de canalisations et, surtout, organise des fêtes. On le sait, Léonard est essentiellement là pour ça. Et les fêtes succèdent aux cérémonies. Et Léonard y puise un nouvel enthousiasme. Comme un enfant, à chaque fête somptueuse, il se laisse reprendre par l'excitation et la joie collectives.

La plus éclatante de toutes est celle donnée le 19 juin 1518 à Cloux, en l'honneur du roi, disent certains biographes, alors que d'autres estiment que le roi a convié sa cour à honorer son cher artiste. En tout cas, la fête a bien lieu chez Léonard. Il l'a conçue sur le modèle milanais de celle du Paradis.

Il refait le jour en pleine nuit et l'éclaire à sa convenance. Il recrée la voûte céleste saturée de puissants jeux de lumière. Pour cela il fait construire une grande structure de bois, couverte d'un tissu bleu, parsemé d'étoiles dorées, sorte de tente de 18 mètres sur 9, et monter à l'intérieur une estrade pour les hôtes de marque, aux piliers ornés d'étoffes multicolores et de couronnes de lierre. Il conjugue les effets du soir qui tombe, l'éclat des lampes et la magie des parfums d'été... Depuis les cintres, il fait tomber, descendre ou s'avancer les astres et les principales planètes, Soleil, Lune, les douze signes célestes, cent torches brûlent pour mieux nier la nuit... Voie lactée luminescente dans un ultime ballet d'ombre. Telle est sa vision du Paradis que les chroniqueurs chantent encore cinquante ans plus tard. Cinq cents aussi. C'est la dernière fête de la main de Léonard. Il en réalisera d'autres, mais à distance, sans les voir, sans y participer. Et une toute dernière, au soir de sa vie, à l'heure de sa mort. Puisque c'est selon sa mise en scène, selon sa scénographie, devrait-on dire, qu'on baptise à Saint-Germain-en-Laye le second fils du roi, à l'heure précise où Léonard rend l'âme.

INACHEVÉE COMME LA VIE

A-t-il ou non abandonné la peinture une fois en France ? Une légende veut qu'au Cloux il ait peint une *Léda* ou une *Pomone* — la *Léda* entièrement nue, celle qui a un cygne dans son giron. Et qui baisse les yeux en une sorte de mouvement de pudeur ! Récemment, des historiens d'art comme Daniel Arasse ont démontré que Léonard n'avait rien pu peindre en France, à cause de sa main droite paralysée ! Il n'aurait que dessiné. Et écrit. Toute chose qu'il fait de la main gauche. Qu'il les ait ou non commencés, retouchés, arrangés, une fois encore, une dernière fois, ces tableaux qui l'ont suivi jusqu'ici, il les aura laissés inachevés. Inachevés comme toute vie, comme la sienne surtout, qui touche à sa fin.

Un artiste ne se sent-il pas toujours le père de ses œuvres ? Plus ou moins, sans doute. Si c'est exact, pour Léonard, l'identification avec son père a-t-elle eu pour conséquence fatale son terrible sens de l'inachèvement ? Comme son père, il ne cesse d'engendrer sans trêve et en toute insouciance et, comme lui, ensuite il ne s'en soucie plus ! Pas davantage, en tout cas, que son père ne s'est soucié de lui. Aucune sollicitude ultérieure n'a modifié cette compulsion, qu'elle dérive d'impressions de la première enfance ou non. Déduction facile ou impalpable réalité, Léonard a « inachevé » ses œuvres et sa vie avec un singulier talent pour le faire savoir et le regretter tout en même temps. Mais ne pourrait-on pas avancer, comme certains historiens, que ce sont justement cette versatilité et ce goût pour l'inachevé qui ont enrichi ses perspectives ?

MYSTÈRE DES DERNIÈRES ŒUVRES

Aujourd'hui, on pense que c'est à Rome qu'il s'est attelé à sa première *Léda*... qu'il a entamé un ou deux, ou plus encore, *Saint Jean-Baptiste*, un ou deux *Bacchus* et son fameux *Angelo incarnato*...

En France, peint-il encore? Reposons la question.

Il est à présent presque certain que le commencement de ces chefs-d'œuvre-là (*La Joconde*, le *Saint Jean-Baptiste*, une *Sainte Anne*, peut-être un *Bacchus*…) date de Rome, même s'il ne cesse de les retoucher au Cloux. Il les a emportés partout avec lui. Mais en fait-il d'autres? Nul ne peut l'affirmer. Il peut dessiner de la main gauche, et l'on sait aujourd'hui qu'il n'a jamais cessé de reprendre, y compris à l'aide de ses doigts, ses derniers tableaux (ses empreintes digitales en témoignent), mais peut-il « peindre », passer de la couleur, de la main qui dessine? On n'a pas de réponse. Les achève-t-il dans la Ville éternelle? Sans doute pas. Mais comme il met une certaine coquetterie à présenter toutes ses œuvres comme inachevées, et ce, jusqu'à sa mort, comment savoir? De cette collection d'éphèbes tardifs, André Green soutient :

Toutes les contradictions se retrouvent ici. Pas seulement celle du masculin et du féminin, mais aussi celle d'une certaine extase mêlée à une certaine tristesse qui va jusqu'à la détresse. De même la bouche est sensuelle et enfantine, close et entrouverte, muette et prête à dire. Certes la chevelure ondoyante est superbement rendue mais cet attribut peut se rapporter aux deux sexes. Et pourtant nous ressentons un malaise [10].

On sait qu'il a emporté avec lui *La Joconde* et qu'elle ne retournera jamais en Italie *. Il l'offrira au roi de France. C'est pour lui la meilleure chance

---

* Sauf au tout début du XXe siècle quand, volée par un gardien du Louvre, ce dernier la ramène en Italie à la maison… chez elle !

de gagner l'éternité. Après sa mort, elle revient aux collections royales. Le *Saint Jean-Baptiste* a sans doute suivi le même chemin. Le *Saint Jean-Baptiste*, mais lequel? Et quelle *Joconde* et quelle *Léda*? Ceux qu'on voit au Louvre aujourd'hui?

Dans les bagages de Léonard, d'aucuns ajoutent une *Léda* nue, ou vêtue, un *Bacchus* malade... et sans doute une *Sainte Anne*. Même si on ignore comment ces œuvres sont venues, ni comment elles sont parvenues à demeurer en France, et si ce sont bien celles qu'on voit aujourd'hui au Louvre...

Comme d'habitude avec Léonard, le mystère n'est toujours pas éclairci et, à ce stade, cinq siècles après, l'on peut douter de le résoudre jamais. Quoi qu'il en soit, il les fait toutes installer autour de lui dans l'atelier où il dicte ses cahiers à Melzi. Il est entouré, cerné par ces visages qui, à force de constantes retouches, étalées sur plusieurs années, se mettent plus ou moins à ressembler à celui de Salaï. On ne peut douter que là, paralysé ou non, il n'ait résisté au plaisir de les améliorer d'un peu plus de noir, d'un peu de bleu, de plus de transparence, de se repentir ici ou là, comme une caresse sur la joue, jusqu'aux derniers moments.

Quant aux explications hasardées sur l'énigme de son ou de ses *Saint Jean-Baptiste*, comme pour ses autres œuvres tardives, elles procèdent d'une si longue élaboration, de tant de propositions successives... que chaque année, et depuis, chaque décennie, chaque siècle en fournit son lot.

Avec ces œuvres-là, Léonard ose se détourner de l'insupportable confrontation des sexes (pour lui), afin d'élaborer une figure d'androgyne pur qui ne retient du type humain que ses caractères délicieux. L'androgyne, à ses yeux, supplante de loin l'éphèbe. Symbole de perfection. À sa façon, il invente une manière de troisième sexe, d'une espèce supérieure à l'homme et à la femme parce que faite du meilleur de chacun des deux ; et préservée de ses misères. C'est ce que le *Saint Jean-Baptiste* affirme haut et fort.

Mais pas seulement. Il suffit de mettre côte à côte le *Saint Jean-Baptiste*, le *Bacchus* et cet étrange dessin, vaguement rehaussé d'aquarelles et de graffitis, qu'on appelle *L'Ange incarné*. Ce dessin proche du graffiti où, voilé, apparaît un assez grand sexe en érection, n'est pas sans équivoque et suscite un trouble proche du tremblement. *L'Ange incarné* semble révéler la nature de la sexualité de Vinci. Comme si nul autre signe, si on avait seulement voulu le lire, n'avait rendu son homosexualité évidente à tous. Certes, ces trois hommes pointent l'index vers le ciel. Le *Bacchus*, un peu moins verticalement que les deux autres, mais il le pointe tout de même. Or ce geste a un sens précis et tout autre que celui, graveleux, qu'on lui prête aujourd'hui. Il signifie « salutation à Marie, afin qu'elle intercède pour nous, pauvres pécheurs, auprès de son fils ». Mais le même geste ne devient-il pas sensiblement érotique, voire pis, quand il est exécuté par l'*Angelo incarnato*, cette espèce de giton maladif ? Quant au païen *Bacchus*, son doigt pointé, ajouté à son absence d'ailes, à son visage — peut-être le plus hermaphrodite de

Léonard —, à son corps lourd, féminisé par des pectoraux étranges pour un garçon, il reflète à lui seul toute l'ambiguïté du monde. Ici plus que jamais se conjuguent, se déclinent, se mélangent savamment la plus haute spiritualité et un désir de bas-fonds...

Le *Saint Jean-Baptiste*, en se faisant ange, se mue en créature vulgaire. L'inverti se fait travesti, et aussitôt chez lui la salutation angélique s'apparente à du racolage sur la voie publique, un suivez-moi-jeune-homme d'un index ambigu, d'où toute référence à Marie s'est enfuie. D'autant que cet ange incarné a les yeux creux, le visage abîmé, l'air vicieux ou malade, ou les deux. Ne va-t-il pas jusqu'à faire songer aux futures victimes du sida ? Ces nouveaux androgynes, beaux jeunes gens d'une délicatesse féminine aux formes arrondies, ne baissent pas les yeux et nous toisent d'un air mystérieusement vainqueur comme s'ils connaissaient le grand triomphe d'un bonheur qu'il faut taire. Ce sourire ensorceleur laisse même deviner que c'est un secret d'amour.

On trouve les mêmes genres de variantes dans la *Léda*, première et seconde versions, la nue et la vêtue. *Idem* avec les successives *Sainte Anne*... Toutes les figures des dernières années sont la quintessence à la fois de la sensualité et de la spiritualité, comme si Léonard était enfin arrivé à saisir le plus rare chez l'homme et le plus précieux chez la femme. Vice et sainteté mêlés.

C'est l'heure terrible où surgissent les regrets tapis dans l'ombre. Jeunesse, force et beauté, que sont-elles devenues ? Pourquoi s'être tellement fatigué à chercher les secrets des cieux ? Ridé comme un vieux débauché, chauve désormais * et sans dents, vieilli avant l'heure, les membres déformés par la goutte, le bras droit, qui domptait hier les chevaux les plus rétifs, paralysé. C'est donc ça, une vie ? Ça peut se réduire à ça ! L'angoisse sourde, le désespoir latent qui l'ont poussé dans sa jeunesse à peindre son *Saint Jérôme*, voilà qu'il les reconnaît aujourd'hui. Toute sa vie, il a cherché comment ouvrir de l'intérieur les portes de la prison. Chaque fois, il s'est imaginé avoir trouvé. Toujours il s'est grisé de liberté, et voilà que c'est déjà fini !

SUR SES TRAITS

Il a soixante-cinq ans, soixante-six, soixante-sept... et cet homme qu'on a présenté à tout âge comme le plus beau, le plus spectaculaire, en paraît soudain plus de soixante-dix. Unanimement, on lui donne dix ans de plus que son âge. D'ailleurs, il se

* Ses *Carnets*, du moins, le disent. Un ou deux visiteurs témoins le rapportent. Mais aucune image cependant ne le confirme.

sent vieux, fatigué, vaguement ennuyé par son nouvel état de nanti, qui n'a plus besoin de courir sans trêve après l'argent. Dépourvu d'ambition comme de nécessité, rien ne l'intéresse plus vraiment. Mettre au propre ses cahiers ? Il s'y emploie avec l'aide de Melzi. Accéder aux moindres désirs du roi ? Il ne le peut plus désormais que par délégation. Le mine un désespoir morne de n'avoir pas accompli le quart de ses intentions et de constater son impuissance grandissante. Trop tard ! Est venu le jour où tout est trop tard.

Une forme insidieuse de chagrin le ronge un peu plus chaque jour. La clarté du ciel, la beauté limpide des paysages qui l'entourent le laissent sans émotion. Il s'enferme dans une forme de maladie, fatigue, paralysie ou ennui mêlés. Chagrin définitif d'avoir perdu Salaï ? Il commence par ne plus monter à cheval, ne plus se promener, ne plus sortir... Léonard devient ce vieillard mystérieux que décrit son autoportrait à la sanguine conservé à Turin. La mort vient mais, comme toujours avec lui, en prenant son temps.

ÉTERNITÉ

Désormais il est un héros, une manière de star, le premier grand *people*, dirait-on aujourd'hui ! Tout ce qu'il a toujours rêvé d'être et d'avoir, il l'a obtenu. Mais quoi qu'il fasse et même ne fasse plus, maintenant, c'est la personne, le personnage, le caractère, et déjà la légende qu'on honore. Reconnaissance et honneurs lui arrivent en même temps. Ici, en France, dans ce pays qui nourrit une admiration immémoriale pour l'Italie au point de vouloir régulièrement s'en emparer, et qui a développé une passion, et même une connaissance de ses œuvres d'art, de ses jardins... Tout ce qui vient de l'autre côté des Alpes est à la mode. Du reste, chance inespérée pour Léonard qui aime tant la musique de sa langue, beaucoup d'Italiens travaillent pour la Cour, dans les palais, les ateliers... Et comme il est devenu une sorte de monument historique, beaucoup de ses compatriotes viennent le visiter.

Léonard, qui s'est toujours refusé aux étroitesses d'un patriotisme local, découvre soudain qu'il a une patrie. En France, dans le murmure confus d'une langue inconnue, sous ce climat nouveau de brumes et de frimas, il se sent soudain italien. Il n'a pas toujours aimé son pays, mais il demeure le sien. Privé de sa jeunesse qu'il a laissée là-bas, il se sent vieux, aussi éprouve-t-il quelque joie à voir venir des Italiens. Le plaisir de parler sa langue est grand. De l'entendre chanter dans la bouche de jeunes hommes.

Tous ses visiteurs s'extasient devant la stupéfiante virtuosité de l'infirme paralysé, malade, gaucher, et dont la sûreté, la simplicité, la vibration radieuse du trait continuent d'émerveiller. Outre ce dont chacun témoigne, l'immense gentillesse de son accueil est attestée par tous.

La visite du cardinal Louis d'Aragon, passé le saluer après être allé rendre hommage à Charles

Quint dans les Flandres, nous est contée par son secrétaire Antonio de Beatis :

Il nous montra trois tableaux : une dame florentine, faite au naturel à la demande de feu le Magnifique Julien. Un saint Jean-Baptiste jeune, et une Vierge avec l'Enfant qui sont sur les genoux de sainte Anne. Les trois sont d'une rare perfection. Il est vrai qu'en raison d'une paralysie de la main droite on ne peut plus attendre de chef-d'œuvre de sa part... Il a obtenu du roi de France outre ses frais et son logis, mille écus annuels de pension et trois cents pour son assistant [11].

C'est une des descriptions les plus précises de Léonard au Cloux à la toute fin de sa vie mais qui repose encore le mystère des trois tableaux. Sont-ce ceux qu'on retrouve sur les cimaises du Louvre, mais qui sont fort approximativement décrits ?

Dès l'origine, il y eut confusion quant au(x) commanditaire(s) de *La Joconde*, si tant est qu'il n'y ait qu'une seule *Joconde*, ce qui est loin d'être attesté. Au siècle suivant, on en compte une, nommée *Joconde* (*Gioconda*), une autre, nommée *Monna Lisa*, une habillée, une nue sur fond noir, une autre... l'une est commandée par Giocondo, le mari de Lisa, l'autre par Julien de Médicis et représenterait sa maîtresse, l'autre est un Salaï en fille... C'est assez dire la complexité du mystère la concernant, de l'origine à nos jours... On sait que, pour son compte, Salaï en a vendu une demi-douzaine, de sa main, hélas, mais qu'il signait sans vergogne Léonard de Vinci. On trouve encore au XVIIe siècle quantité de *Joconde*, à la manière de, assez mièvres, mais en grand nombre.

Le *Saint Jean-Baptiste* ne pose pas le même genre de questions : celui qui est au chevet de Léonard au Cloux semble le même que celui du Louvre. Là encore, d'où vient le *Bacchus* ? Quelle version du *Saint Jean-Baptiste* a-t-on, puisqu'il n'a échappé à personne qu'il en fit aussi plusieurs ? Les mêmes questions restent en suspens pour la *Sainte Anne*. On a tendance à penser que celle qui suit Léonard d'Italie en France est celle du Louvre. Mais alors, d'où vient celle qui s'est retrouvée à Londres ?

Une autre légende veut que François Ier découvrant *La Joconde* en tombe amoureux et que, pour la première fois de sa vie à l'abri du besoin, Léonard se permette ce geste généreux entre tous quand on connaît ses sentiments envers cette œuvre dont il ne s'est jamais séparé : en faire cadeau au roi de France, à condition que celui-ci lui en laisse la jouissance jusqu'à sa mort. Une autre légende raconte que le roi la lui aurait achetée pour une somme considérable ! Au fond, peu importe. L'essentiel n'est-il pas que le Louvre ait une *Joconde* !

En France, c'est l'heure où les arts doivent tendre à la perfection. La peinture italienne a commencé son exode vers les châteaux gothiques. Le Primatice est à Fontainebleau, Anne de Montmorency orne le château d'Écouen de chefs-d'œuvre transalpins. Les ambitions de François Ier lancent une mode que la Cour est d'avance prête à suivre.

1519 : année terrible. C'en est fini du mouvement. L'artiste ne peut plus voyager. La paralysie le gagne, l'ensemble du côté droit est atteint. Bientôt Léonard ne peut plus sortir que soutenu par

Melzi et Battista. Et, comme il croit toujours que la vie est synonyme de mouvement, il ne peut douter que la fin approche.

Auparavant, il a encore quelques machines à perfectionner, si tant est que la légende dise vrai. Cette légende de plus en plus contestée à l'orée du XXIe siècle. Bertrand Gille est on ne peut plus clair : « Il a fallu beaucoup d'ignorance et d'abusive imagination pour faire de Léonard de Vinci et malgré lui un inventeur fécond[12]. » Il aura fallu l'inénarrable XIXe siècle pour conférer à ce « prince de la Renaissance » autant de vertus. Et faire de Léonard une icône. Le physicien Nicolas Witkowski écrit : « Léonard a été tardivement canonisé par l'Histoire en tant que figure de héros renaissant à cause de sa peinture (le clair-obscur moyenâgeux dont émerge l'or de la Renaissance sous les boucles de Mona Lisa), et cette canonisation se renforce à mesure que la techno-science toujours plus spécialisée s'éloigne de son idéal d'universalité[13]. » Ensuite, l'habitude s'est prise d'en faire le savant qui a inventé toutes les machines de la modernité. On ne prête qu'aux riches, et à ce compte Léonard est proprement milliardaire !

LES HEURES DE LA FIN

Léonard sent venir la mort. Le froid s'insinue. Quels masques va-t-il encore devoir faire tomber ?

Dans quel ordre ? Cet homme qui toute sa vie s'est avancé masqué, dissimulé, ne peut plus feindre à l'heure de mourir. Alors il redevient lui-même. Mais qui est-il lui-même ? Quel est le bon Léonard ? N'a-t-il pas, en outre, beaucoup changé depuis ses vingt ans ? Il a gagné en lucidité, en rigueur, en obstination ce qu'il a perdu en fantaisie, en dispersion, en curiosités multiples et successives. Une manière de sagesse philosophique s'est réellement emparée de lui. Et le voilà figé dans sa posture de vieux sage, peut-être au fond depuis longtemps déjà. En vérité, plus rien n'est feint.

Le temps le presse. La vie s'effiloche. Il est encore pleinement conscient mais pour combien de temps ? Il fait venir le notaire d'Amboise afin de lui dicter en toute lucidité ses dernières volontés. Dans le calme de sa raison, il répartit ses biens entre ses serviteurs, ses amis, et sa famille pourtant lointaine. Il essaie de penser à tous. Maître Borreau, à son chevet, prend en dictée son testament. Le texte est précis, minutieux. Comme un tableau de Léonard. Ni épanchement ni rancœur. Personne n'est oublié. Mathurine, la cuisinière qui prend soin de lui depuis son arrivée en France, hérite d'une belle robe doublée de fourrure, d'un manteau de drap noir et de deux ducats. Battista partage la propriété de sa vigne dont la première moitié va à Salaï. Car paradoxalement, l'homme qu'il a le plus aimé ne bénéficie de rien de plus qu'une partie de ce qu'il réserve à son fidèle serviteur : la moitié d'une vigne à San Vittore près de Milan. Battista, qui est présent aux derniers instants, reçoit en plus la rente du canal de Milan. Outre les meubles précieux du château du Cloux. Puisque François Ier lui a donné tout ce qu'il y a dans le château, Léonard peut en disposer à sa guise.

C'est Melzi qui a la part la plus belle, mais aussi la plus ingrate. À lui tous les livres, tous les manuscrits, tous les dessins et tous les instruments : l'intégralité de l'aventure intellectuelle de Léonard *. En échange, il hérite de l'impossible charge d'achever l'immense compilation entreprise à ses côtés et, comme de juste, inachevée. Et de publier si possible tous les projets de livres de Léonard mais surtout, et en priorité, son traité sur la peinture. Il lui cède aussi le reste de sa pension, l'argent conservé à l'atelier ainsi que l'ensemble de sa garde-robe. En

---

* L'histoire des *Carnets* et autres manuscrits de Léonard nécessiterait à elle seule tout un ouvrage. Entre le peu qu'on sait de leur rédaction, de leur conservation plus ou moins hasardeuse — il n'est pas rare que des héritiers, trois générations après Léonard, les dilapident et les pillent au point de commettre un blasphème à nos yeux contemporains, d'en arracher des pages pour les vendre ou les donner à qui les réclame. Ou de prendre à droite à gauche dans divers *Carnets* et de découper quelques dessins pour les assembler et les coller ensemble ailleurs sur d'autres cahiers... Aussi nous contenterons-nous d'énumérer la liste des manuscrits qui sont parvenus jusqu'à nous et leur emplacement géographique.

Les manuscrits se partagent entre les bibliothèques Ambrosienne et Trivulcienne de Milan, l'Institut de France à Paris, la Bibliothèque royale de Windsor, le British Museum de Londres, la Library of Christ Church d'Oxford, l'Accademia de Venise, la bibliothèque ex-royale de Turin. On trouve, en outre, des pages de notes et de dessins au musée des Offices de Florence, au musée du Louvre et à l'École des beaux-arts de Paris, au musée Bonnat de Bayonne, au Metropolitan Museum de New York, au Schloss-Museum de Weimar, à la bibliothèque municipale de Nantes et chez des particuliers... Le *Carnet* le plus important dans une collection privée, le *Codex Leicester*, du nom de son ancien propriétaire, a été acquis en 1980 en vente publique à Londres par la Fondation Hammer pour la somme de 3 700 000 euros. On trouve encore parfois des feuilles volantes attribuées ou attribuables à Léonard. Des *Carnets* comme celui qu'on a trouvé à Madrid au début du xxie siècle peuvent encore apparaître ; il subsisterait les deux tiers de la réelle production de Vinci : « sept mille pages sur treize mille », assure Serge Bramly dans son *Léonard de Vinci*, J.-C. Lattès, 1988.

réalité, avant toute chose, lui échoit le titre officiel d'exécuteur testamentaire.

Quant à sa demi-famille dite de sang, qui eut la bassesse de contester son unique héritage, il lui abandonne la totalité de son compte de l'hôpital Santa Maria Nuova, dont le montant approximatif se situe quand même autour des quatre cents écus.

Les pauvres de la commune ne sont pas oubliés. De même que le roi, qui hérite de ses derniers tableaux, ceux qui sont déjà là. Il n'aurait donc pas acheté *La Joconde*...

De la même façon précise, Léonard règle ses funérailles dans les plus infimes détails. Selon un protocole digne d'un roi. Le clergé en est averti. Et François Ier fera respecter ses volontés.

Léonard n'a jamais rien brusqué, pas même sa mort. Tout se déroule doucement, à son heure. Tranquillement autant que mourir se peut.

Le 2 mai 1519, il a beau écrire dans son carnet, « je continuerai... », suivi d'un « etc. [14]... » plein d'espérance, après l'appel de Mathurine à manger la soupe avant qu'elle ne refroidisse, il s'effondre. Et ne se relève pas.

Battista, Melzi, Mathurine se précipitent à ses côtés. Les yeux du maître ne s'ouvrent plus. Effondré sur la table où il prenait des notes, il est mort. Au travail.

Pour le veiller cette nuit-là, les mêmes, accompagnés de la sœur du roi. François Ier est à Saint-Germain-en-Laye, ce qui ôte, on l'a déjà vu, pas mal de crédit au tableau de Dominique Ingres, faisant mourir l'artiste dans les bras du roi...

Mais après tout, quelle importance ? Le souverain sera là pour présider aux funérailles. Car ce fameux artiste, humble et facétieux, simple et ironique, épris de gloire et d'opulence, organisateur de solennités royales et de facéties déconcertantes, adorant autant les grotesques, voire les monstres des visages populaires, que les plus beaux habits du monde portés par les plus jolis garçons, s'est ordonné des funérailles en grande pompe, à la hauteur de sa renommée. Sa dernière fête. Grâce à l'admiration que lui voue François Ier, peut-être s'est-il dit que sa personne valait celle d'un roi ?

Pied de nez à tous ceux qui, de Florence à Rome, en ont fait un mécréant, adepte d'on ne sait trop quelles hérétiques théories, renégat, apostat ou vague sorcier... Non, en bon chrétien, Léonard a pris soin de recommander son âme à Dieu, à la Vierge, à tous les saints et aux anges du Paradis...

À cause de la similitude de noms, ou bien est-ce là un autre pied de nez du destin, le Florentin de Vinci est inhumé en l'église Saint-Florentin d'Amboise !

Le cortège est impressionnant. Toute la Cour suit son cercueil derrière le roi. Puis tout le village. Comme pour un prince, tout le clergé d'Amboise participe aux funérailles. Son cercueil est porté par les chapelains, accompagnés du Collège, c'est-à-dire le recteur, le prieur, ses vicaires et tous les frères mineurs. Seront ensuite célébrées trois grands-messes, en présence du diacre et de l'archidiacre, et trente messes basses grégoriennes. En outre, son cortège est escorté de soixante miséreux, payés soixante-dix sous tournois chacun pour suivre sa dépouille, cierge à la main comme des spectres dans la nuit. Il en sera fait de même à la cathédrale Saint-Denis et dans l'église des Franciscains. Chaque église est dotée de dix livres de cierges...

Le 1ᵉʳ juin, Melzi écrit aux frères de Léonard une lettre poignante où il leur annonce la mort de l'homme qui était pour lui mieux qu'un père... et dans laquelle il promet de leur remettre une copie du testament de Léonard. « Je désire que vous soyez informés de la mort de Maître Léonard, votre frère et pour moi un père parfait. Il est impossible quant à moi de ne pas exprimer toute ma douleur de sa mort et, tant que je vivrai, je serai à juste titre malheureux car il avait pour moi une affection sans défaillance vive et profonde [15]. » Pour rentrer en Italie, Melzi attend l'arrivée de son oncle qui va l'assister lors de l'inhumation officielle du corps de Léonard qui a lieu au mois d'août en l'église Saint-Florentin. Laquelle sera dévastée pendant la Révolution, puis démolie en 1808.

Alors d'aucuns affirment que le corps de Léonard était enterré sous une dalle dans le chœur. Un jardinier prétend même avoir recueilli quelques os, qui seraient les siens. Jusque-là, ne servaient-ils pas de jeu d'osselets aux enfants du village !

Ainsi le dernier tour de Léonard est joué.

Aucune sépulture réelle ni figurée n'existe pour le plus grand artiste de la Renaissance. Rien ? Pas la moindre trace. Lui qui n'a cessé d'en semer de son vivant, comme pour mieux brouiller les pistes, voit ses vœux littéralement exaucés dans sa mort.

Il ne repose nulle part.

La légende peut continuer.

Et elle continue.

ANNEXES

1452. Naissance de Léonard à Anchiano ou à Vinci. Son père est installé depuis trois ans notaire à Florence. Il épouse Albiera Amadori, âgée de seize ans.

1464/1467. Arrivée à Florence (date incertaine). Mort d'Albiera et du grand-père.

1468. Léonard est toujours inscrit sur la déclaration fiscale de sa grand-mère à Vinci.

1469. Léonard figure maintenant sur la déclaration de son père à Florence et comme élève chez Verrocchio. Avènement de Laurent de Médicis.

1472. Inscrit au registre de la corporation des peintres.

1473. Premier dessin de paysage et, sans doute, première *Annonciation*.
Mort de la deuxième femme de son père.

1474. Portrait de Ginevra Benci.

1476. Dénonciation au *tamburo*. Procès pour sodomie.
Naissance du premier enfant légitime de son père, marié pour la troisième fois.

1477. On ne sait rien de lui pendant plus d'un an et demi. Botticelli peint *Le Printemps*.

1478. Deux madones, un retable abandonné. Conjuration des Pazzi, inondations, épidémie de peste.

1479. Commande du *Saint Jérôme*, inachevé, et de la *Madone Benois*.

1480. Léonard commence *L'Adoration des Mages*, inachevée et laissée chez les Benci. Sforza prend le pouvoir à Milan. Laurent de Médicis ne veut pas l'envoyer à Rome.

1481. Tous les bons artistes de Florence sont envoyés par Laurent de Médicis peindre la chapelle Sixtine pour honorer le pape. Pas lui.

1482. Départ pour Milan en compagnie d'Atalante et de Zoroastre.

1483. Il s'associe aux frères Predis, ensemble ils peignent *La Vierge aux rochers*. Charles VIII devient roi de France.

1485. La peste à Milan. Ouvre un atelier d'où sort *La Madone Litta*. Sans doute assez peu de sa main.

1486. Maquettes pour la tour-lanterne du Dôme de Milan. On commence à entendre parler de Savonarole.

1487. Portrait du *Musicien*. Décor pour le Paradis, sa première grande mise en scène de fête qui aura lieu trois ans plus tard. L'Inquisition arrive en Sicile.

1488. *La Dame à l'hermine*, portrait de Cecilia Gallerani, maîtresse du duc de Milan. Mort de Verrocchio.

1489. Dessins d'anatomie de crânes et d'architecture. Décor pour les noces de Giangaleazzo Sforza et Isabelle d'Aragon à Tortona et premier automate. Contrat pour la statue équestre de l'ancêtre Sforza.

1490. À Pavie, rencontre Francesco di Giorgio Martini, échange de plans et de projets. Travaux hydrauliques. Arrivée de Salaï. Nouvelle fête pour le mariage reporté du neveu Sforza, sur le livret de Bellincioni : la fameuse fête du Paradis.

1491. Fête et tournoi des « hommes sauvages », décor, costumes, mise en scène... Mariage du duc de Milan avec Béatrice d'Este. Travaille toujours à la statue du « Grand Cheval ». Descriptions d'orages, de batailles et suite de profils.

1492. Bramante édifie le chœur de Sainte-Marie-des-Grâces. En décembre, Léonard achève la maquette en plâtre du « Grand Cheval » et s'apprête à passer à l'étape de la fonte. Christophe Colomb découvre l'Amérique. Les Juifs sont chassés d'Espagne.

1493. Catarina, on pense qu'il s'agit de sa mère, le rejoint, vit près de lui un ou deux ans, et meurt. Il dessine des allégories. Pratique des anatomies, études sur le vol. Sa maquette est exposée et suscite une grande admiration.

1494. Son « Grand Cheval » est définitivement abandonné à cause des menaces de conflit et de la nécessité de fondre tout le bronze pour l'effort de guerre. Allié du duc Pierre le Goutteux, Charles VIII entame les guerres d'Italie. Il prend Naples. Le neveu Sforza meurt à Pavie. Destitution des Médicis qui sont chassés de Florence, Savonarole prend le pouvoir.

1495. Décoration des chambres du château Sforza. Aller-retour à Florence. Contrat pour peindre *La Cène* à Sainte-Marie-des-Grâces, sur un mur à peine sec.

1496. Mise en scène de la *Danaé* de Baldassar Taccone. Portrait de la nouvelle maîtresse du duc de Milan, appelée aujourd'hui *La Belle Ferronnière*. Amitié intellectuelle avec Luca Pacioli, début d'une longue collaboration autour des mathématiques. Projet du livre *La Divine Proportion*.

1497. Toujours attelé à *La Cène*. Nouveaux élèves en son atelier. Seconde mise en scène de la *Danaé*.
Mort de Béatrice d'Este.

1498. Décor de la Sala delle Asse. Travaille toujours sur *La Divine Proportion* avec Luca Pacioli.
Sforza lui offre une vigne. Essai de machine volante. Louis XII succède à Charles VIII.
Savonarole est brûlé à Florence.

1499. Fuite du duc Sforza devant l'arrivée des armées françaises : Ligny, d'Aubigny, Borgia...
Louis XII entre dans Milan. Borgia devient duc du Valentinois. Venise menacée par les Turcs.
Léonard s'apprête à partir en décembre.

1500. Fuite à Mantoue chez Isabelle d'Este, lui dessine son portrait. Repart pour Venise en compagnie de Pacioli. Y travaille comme ingénieur militaire. Sforza reprend Milan mais est arrêté par les Français. La maquette en plâtre du « Grand Cheval » est endommagée. Revient à Florence. Filippino Lippi lui rétrocède sa commande de retable chez les Servites de l'Annunziata : c'est la *Sainte Anne*. Menus travaux de consolidation de San Miniato, d'aménagements de villas de riches marchands.

1501. Exposition du carton de la *Sainte Anne* : succès donc commandes. La *Madone au fuseau* pour le Français Robertet. Travaille toujours avec Pacioli à son livre de géométrie. Les Français occupent Rome.

1502. Fait des expertises pour Isabelle d'Este. Machiavel l'envoie auprès de César Borgia comme ingénieur militaire, il voyage avec lui des Marches à la Romagne, suit ses conquêtes, exécute des relevés, des cartes, des plans, met au point le premier pont mobile. Innovation en cartographie. Amitié avec Machiavel.

1503. Après son année de guerre auprès de Borgia, retour à Florence. Sans travail, il fait des offres de services au sultan Bajazet II qui ne prend même pas la peine de lui répondre. Participe au siège de Pise comme ingénieur militaire où il propose un canal de détournement de l'Arno. Accepté, puis refusé. Machiavel lui passe la commande de *La Bataille d'Anghiari* pour décorer la salle du Conseil du palais de la Seigneurie à Florence. Suivent *La Joconde* et une *Léda*.

1504. La République toscane le consulte, avec un collège d'artistes locaux, pour déterminer un emplacement au *David* de Michel-Ange. Ce qui lui vaudra à vie la haine de son rival. Mort de son père. Ce dernier laisse dix garçons et deux filles qui interdisent à Léonard l'accès à l'héritage paternel. Travaille à *La Bataille d'Anghiari* et à *La Joconde*.

1505. Commence à colorer *La Bataille*. Arrive Michel-Ange pour faire dans la même pièce sa propre *Bataille* sur le mur d'en face ! Léonard s'occupe du vol des oiseaux. Et échoue encore à voler. Il travaille toujours à *La Joconde*. Dont Raphaël fait une copie. Et une autre de *Léda*.

1506. Predis, pour le compte de Milan, l'invite à venir refaire une *Vierge aux rochers*. Florence ne veut pas le laisser partir. Il obtient une permission de trois mois. Charles d'Amboise, gouverneur de Milan, le retient jusqu'à la fin de l'année. Seconde *Vierge aux rochers*. Embauche Francesco Melzi.

1507. Louis XII est à Milan et le réclame. Il lui rend ses droits sur sa vigne, lui offre un morceau de canal, une rente sur l'eau et un bon salaire annuel. Léonard met en scène l'entrée de Louis XII. Son oncle de Vinci meurt et ses frères lui intentent un procès pour le déshériter. Revient à Florence en septembre.

1508. À Florence, il réorganise ses manuscrits, aide Francesco Giovanni Rustici aux sculptures du Baptistère. Se partage entre Florence et Milan. Deux madones perdues. Reprend ses dissections à l'hôpital et ses études sur l'eau.

En avril, retourne à Milan, achève sa *Vierge aux rochers*. Michel-Ange s'attaque à la chapelle Sixtine.

1509. Les Vénitiens sont vaincus par les Français. Léonard organise le triomphe de Louis XII. Achève sa *Léda*, une *Sainte Anne*, un *Saint Jean-Baptiste*...

1510. Poursuit ses études d'anatomie à Pavie aux côtés de Della Torre, qui meurt brutalement, victime de la peste. Leur projet de livre commun ne verra jamais le jour. Mort de Botticelli.

1511. Mort de Charles d'Amboise. Léonard se rend chez Melzi à Vapprio d'Adda. Il observe les incendies allumés par les Suisses.

1512. Bataille de Ravenne, les Français défont la Sainte Ligue jusqu'à la mort de Gaston de Foix. Le fils Sforza réintègre Milan, Léonard s'en va. Les Médicis reprennent le pouvoir à Florence.

1513. Arrivée à Rome, appelé par Julien de Médicis, le frère du nouveau pape, chargé des arts au Vatican. Logé au Belvédère avec sa troupe, Salaï, Melzi, Battista... Deux assistants allemands spécialisés en miroirs ardents lui sont adjoints par Julien.

1514. Ses recherches scientifiques et anatomiques lui valent d'être dénoncé au pape l'année suivante. Il compose des dessins d'une technique nouvelle sur papier bleu. Voyage pour assécher les marais Pontins. Reprend *La Joconde* et le *Saint Jean-Baptiste*. Séjourne à Parme. Contracte la malaria.

1515. Salaï le quitte et part à Milan. Mort de Louis XII, François Ier lui succède. Julien va se marier en France. Léonard est usé par les médisances et les querelles. Il ne dessine plus que des déluges et écrit à Julien pour se plaindre de ses assistants allemands qui le pillent. À la fin de l'année, le pape Léon X l'emmène avec lui négocier la paix avec François Ier qui conquiert l'Italie à la vitesse du guépard. Léonard l'y rencontre. Le roi le réclame, il hésite, mais rentre à Rome. Machiavel écrit *Le Prince*.

1516. Julien meurt. Léonard est seul à Rome. François Ier l'invite en France. Avec Battista et Melzi, il passe les Alpes. Le roi lui offre son château du Cloux près du palais d'Amboise où vit sa cour.

1517. Avec Melzi, il réorganise ses *Carnets* et manuscrits afin de les publier. Son lion mécanique, qui avait séduit François Ier avant son départ pour l'Italie et qui lui vaut sa réputation près de lui, est à nouveau en service pour les nombreuses fêtes que Léonard organise à Amboise : pour le baptême du deuxième fils du roi, l'anniversaire de Marignan, le mariage de Laurent di Piero di Medicis. Ses visiteurs italiens le voient et le décrivent entouré de gloire et d'honneurs, ayant conservé près de lui *La Joconde*, le *Saint Jean-Baptiste* et une *Sainte Anne*. Outre tous ses dessins. Le roi lui verse mille écus par an. Et l'emmène souvent galoper à ses côtés et rêver d'avenir, de cités idéales et autres jardins merveilleux que Léonard conçoit et que Melzi exécute sur plans. Palais à Romorantin, canaux d'irrigation, assèchement de la Sologne...

1518. Organise des fêtes royales, à Amboise le 3 et 15 mai, chez lui, au Cloux, le 19 juin.

1519. Le 23 avril, il dicte son testament, privilégiant Melzi dont il fait son exécuteur testamentaire et Battista qui hérite d'autant plus que Salaï a disparu de sa vie. Il meurt le 2 mai. Le roi est à Saint-Germain-en-Laye pour baptiser son quatrième enfant. Le 12 août, il est inhumé à Saint-Florentin, comme un roi par un roi.

Vers 1790-1793. La Révolution française dispersera ses restes...

RÉFÉRENCES BIBLIOGRAPHIQUES

Toutes les citations anonymes ou non référencées sont tirées des fameux Carnets *de Léonard de Vinci, dont les manuscrits sont disséminés en divers endroits du monde.*

LIVRES DE LÉONARD DE VINCI

Aphorismes, nouvelles et récits, Arléa, 2001.

Les Carnets *de Léonard de Vinci*, Gallimard, coll. « Tel », 1997.

Dessins anatomiques, Éditions Roger Dacosta, 1961.

Hommes, Bêtes et météores, Arléa, 2007.

Léonard de Vinci. Tout l'œuvre peint et graphique, présentation par Frank Zöllner, traduction par Wolf Fruhtrunk, Taschen, 2007.

Les Manuscrits de Léonard de Vinci, Manucrits H de la Bibliothèque de l'Institut, Ash. 2038 et 2037 de la Bibliothèque nationale, avant-propos de Charles Ravaisson-Mollien, Maison Quantin éd., 1891.

Manuscrits de Léonard de Vinci, Manuscrits C et D de l'Institut de France, introduction et traduction française d'André Corbeau, 1964.

Maximes, fables et devinettes, Arléa, 2002.

Pages autographes et apocryphes de Léonard de Vinci, présentées par Charles Ravaisson-Mollien, Société nationale des antiquaires de France, 1888.

Prophéties, Gallimard, coll. « Folio », 2007.

Textes choisis, Mercure de France, 1995.

Textes choisis, pensées, théories, préceptes, fables et facéties, préface de Joséphin Péladan, Mercure de France, 1929.

Traité de la peinture, édition d'André Chastel, Club des Libraires de France, 1960, Berger-Levrault, 1987.

Traité de la perspective linéaire, L'Harmattan, 2007.

LIVRES SUR LÉONARD DE VINCI

ANONYME GADDIANO, « Première vie de Léonard », in André Chastel, *Traité de Peinture...*

Daniel ARASSE, *Léonard de Vinci, le rythme du monde*, Hazan, 1997.

—, *L'Annonciation italienne, une histoire de perspective*, Hazan, 2000.

—, *Le Détail*, Flammarion, coll. « Champs », 2005.

Fred BÉRENCE, *Léonard de Vinci ouvrier de l'intelligence,* Payot, 1938.

Serge BRAMLY, *Léonard de Vinci*, Lattès, 1988.

Marcel BRION, *Léonard de Vinci*, Albin Michel, 1952.

COLLECTIF, *Au cœur de la Joconde*, Gallimard, 2006.

—, *Léonard de Vinci, l'inventeur*, Fondation Pierre Gianadda, 2002.

—, *Léonard de Vinci*, RMN-Réunion des musées nationaux, 2004.

André CHASTEL, *Léonard de Vinci*, Liana Levi, 2002.

Kenneth CLARK, *Léonard de Vinci*, Le Livre de Poche, 1967 ; LGF, 2005.

Christian COMBAZ, *Lion ardent ou la confession de Léonard de Vinci*, LGF, 2007.

Pierre DUHEM, *Études sur Léonard de Vinci, ceux qu'il a lus et ceux qui l'ont lu*, Archives contemporaines, 2007.

Sigmund FREUD, *Souvenir d'enfance de Léonard de Vinci*, Gallimard, 1998.

Anne GUGLIELMETTI et Pietro C. MARANI, *Léonard de Vinci*, Actes Sud-Motta, 1999.

André de HÉVÉSY, *Pèlerinage avec Léonard de Vinci*, Firmin Didot et Cie, 1901.

Arsène HOUSSAYE, *Histoire de Léonard de Vinci*, Didier, 1869.

Pierre HUARD, *Léonard de Vinci, dessins anatomiques*, Trinckvel éd., s. d.

Paul JOVE, « Vie de Léonard », in *Traité de peinture*, 1527.

Olivier Laboureur et Christine Germain, *Léonard de Vinci et son temps*, Mango, 1999.

Domenico Laurenza, *Les Machines de Léonard de Vinci*, Gründ, 2008.

Jean-Pierre Maidani, *Léonard de Vinci, mythologie ou théologie*, PUF, 1994.

Pietro C. Marani, *Léonard de Vinci*, Gallimard, 1996.

Dimitri Merejkovski, *Le Roman de Léonard de Vinci*, Presses de la Renaissance, 2004.

Eugène Muntz, *Notes et dessins sur la génération Windsor*, Paris, 1901.

—, *Léonard de Vinci*, Parkstone Press Ltd, 2006, 2 vol.

Charles Nicholl, *Léonard de Vinci*, Actes Sud, 2006.

Sh. Nuland, *Léonard de Vinci*, Édition Fides, 2000.

Walter Pater, *Léonard de Vinci*, Payot, 1898.

Joséphin Péladan, *La Philosophie de Léonard de Vinci*, Stalker éds, 2007.

Ron Philo et Martin Clayon, *Léonard de Vinci*, Seuil, 1992.

Ladislao Reti, *Léonard de Vinci, l'humaniste, l'artiste, l'inventeur*, Laffont, 1974.

A. Rochon, *La Jeunesse de Léonard de Vinci*, Paris, 1963.

E. Rouveyre, *Notes et dessins sur la génération Windsor*, Paris, 1901.

Renand Temperini, *L'ABCdaire de Léonard de Vinci*, Flammarion, 2002.

Paul Valéry, *Introduction à la méthode de Léonard de Vinci*, Paris, 1930 ; Gallimard, coll. « Folio essais », 1992.

Giorgio Vasari, « Vie de Léonard de Vinci », in *Les Vies des meilleurs peintres, sculpteurs et architectes*, Les Belles Lettres, 2002.

Carlo Vecce, *Léonard de Vinci*, Flammarion, 2001.

Frank Zöllner, Françoise Viatte, *Léonard de Vinci*, 5 continents Éd., 2005.

LIVRES SUR LA PÉRIODE DE LÉONARD
OU LES ÉVÉNEMENTS LE CONCERNANT

Julio Carlo Argam, *Perspective et Histoire au Quattrocento*, Éditions de la Passion, 1990.

Bernard Berenson, *Les Peintres italiens de la Renaissance,* Gallimard, 1953.

Hubert Damisch, *L'Origine de la perspective,* Flammarion, 1993.

Jean Delumeau, *La Civilisation de la Renaissance,* Arthaud, 1984.

Élie Faure, *Histoire de l'art. L'art renaissant,* Denoël, 1986.

Eugenio Garin, *L'Homme de la Renaissance,* Le Seuil, coll. « Point », 1990.

J. Goismard (sous la dir. de), *Florence au temps de Laurent le Magnifique,* Hachette.

Yves Hersant, *Italies,* Laffont, coll. « Bouquins », 1988.

Machiavel, *Œuvres complètes,* Gallimard, coll. « La Pléiade », 1952.

Jean-Claude Margolin, *L'Humanisme en Europe au temps de la Renaissance,* PUF, 1981.

Jacques Mesnil, *Botticelli,* Albin Michel, 1938.

Erwin Panofsky, *Essai d'iconologie, thèses humanistes dans l'art de la Renaissance,* Gallimard, 1967.

—, *Le Codex Huygens et la « théorie art » Léonard de Vinci,* Flammarion, 1996.

NOTES

PROLOGUE

1. Léonard de Vinci, *Carnets*, Gallimard, coll. « Tel », 1987.

PREMIÈRE PARTIE (1452-1480)

1. Léonard de Vinci, *Carnets, op. cit.*
2. *Ibid.*
3. *Ibid.*
4. *Ibid.*
5. *Ibid.*
6. *Ibid.*
7. *Ibid.*
8. *Ibid.*
9. *Ibid.*

DEUXIÈME PARTIE (1482-1499)

1. Léonard de Vinci, *Carnets, op. cit.*
2. *Ibid.*
3. *Ibid.*
4. *Ibid.*
5. *Ibid.*
6. *Ibid.*
7. *Ibid.*

8. *Ibid.*

9. *Ibid.*

10. *Ibid.*

11. *Ibid.*

12. *Ibid.*

13. *Ibid.*

14. *Ibid.*

15. *Ibid.*

16. *Ibid.*

17. *Ibid.*

18. *Ibid.*

19. *Ibid.*

20. *Ibid.*

21. *Ibid.*

TROISIÈME PARTIE (1499-1506)

1. Cité par André Chastel, *Léonard de Vinci*, Liana Levi, 2002.

2. Léonard de Vinci, *Carnets*, *op. cit.*

3. *Ibid.*

4. *Ibid.*

5. *Ibid.*

6. *Ibid.*

7. *Ibid.*

8. *Ibid.*

9. *Ibid.*

10. *Ibid.*

11. *Ibid.*

12. *Ibid.*

13. *Ibid.*

14. Adolfo Venturi, *Léonard de Vinci et son école*, Éditions Rombaldi, 1948.

15. Léonard de Vinci, *Carnets*, *op. cit.*

16. Giorgio Vasari, *Les Vies des meilleurs peintres, sculpteurs et architectes*, Les Belles Lettres, 2002.

17. Léonard de Vinci, *Carnets*, *op. cit.*

18. *Ibid.*

19. *Ibid.*

20. *Ibid.*

21. Adolfo Venturi, *Histoire de l'art*, cité par André Chastel, *Léonard de Vinci, op. cit.*

22. Léonard de Vinci, *Carnets, op. cit.*

23. *Un souvenir d'enfance de Léonard de Vinci*, traduit de l'allemand par André et Odile Bourguignon, Janine Altounian, Pierre Cotet et Alain Rauzy, Gallimard, coll. «Connaissance de l'inconscient», 1987.

24. Léonard de Vinci, *Carnets, op. cit.*

25. *Ibid.*

26. Cité par Fred Bérence, *Léonard de Vinci ouvrier de l'intelligence*, Payot, 1938.

27. *Ibid.*

28. *Ibid.*

29. *Ibid.*

30. *Ibid.*

31. Léonard de Vinci, *Carnets, op. cit.*

32. Fred Bérence, *op. cit.*

33. Léonard de Vinci, *Carnets, op. cit.*

34. *Ibid.*

35. *Ibid.*

36. *Ibid.*

37. *Ibid.*

38. *Ibid.*

39. *Ibid.*

QUATRIÈME PARTIE (1513-1519)

1. Léonard de Vinci, *Carnets, op. cit.*

2. *Ibid.*

3. Anonyme Gaddiano, «Première vie de Léonard» in André Chastel, *Traité de Peinture.*

4. Giorgio Vasari, *Les Vies des meilleurs peintres, sculpteurs et architectes, op. cit.*

5. Léonard de Vinci, *Carnets, op. cit.*

6. Giorgio Vasari, *Les Vies des meilleurs peintres, sculpteurs et architectes, op. cit.*

7. Léonard de Vinci, *Carnets, op. cit.*

8. *Ibid.*

9. Eugenio Garin, *L'Homme de la Renaissance, op. cit.*

10. André Green, *Révélations de l'inachèvement : Léonard de Vinci*, Flammarion, 1992.

11. Antonio de Beatis, *Voyage avec le cardinal d'Aragon en 1517-1518*, Éditions Pastor, 1905.

12. Bertrand Gille, *Les Ingénieurs de la Renaissance*, Le Seuil, 1978.

13. Nicolas Witkowski, *Une histoire sentimentale des sciences*, Le Seuil, coll. « Science ouverte », 2003.

14. Léonard de Vinci, *Carnets, op. cit.*

15. Cité et traduit par Serge Bramly, *Léonard de Vinci, op. cit.*

Composition Bussière
Impression Maury Imprimeur
45330 Malesherbes
le 31 octobre 2019
Dépôt légal : octobre 2019
1ᵉʳ dépôt légal dans la collection : juin 2013
Numéro d'imprimeur : 240952

ISBN 978-2-07-034159-7 / Imprimé en France.

364764